U0540412

主编 姜 锋
外教社世界语言小史丛书

葡萄牙语小史

徐亦行 赵知临 著

上海外语教育出版社
SHANGHAI FOREIGN LANGUAGE EDUCATION PRESS

图书在版编目(CIP)数据

葡萄牙语小史 / 徐亦行, 赵知临著. -- 上海：上海外语教育出版社, 2024
(外教社世界语言小史丛书 / 姜锋总主编)
ISBN 978-7-5446-7899-5

Ⅰ.①葡… Ⅱ.①徐… ②赵… Ⅲ.①葡萄牙语—语言史 Ⅳ.①H773-09

中国国家版本馆CIP数据核字(2023)第178848号

出版发行：**上海外语教育出版社**
（上海外国语大学内）邮编：200083
电　　话：021-65425300 (总机)
电子邮箱：bookinfo@sflep.com.cn
网　　址：http://www.sflep.com
责任编辑：张瑞文

印　　刷：上海中华商务联合印刷有限公司
开　　本：890×1240　1/32　印张 7　字数 167千字
版　　次：2024年7月第1版　2024年7月第1次印刷

书　　号：ISBN 978-7-5446-7899-5
定　　价：42.00元

本版图书如有印装质量问题，可向本社调换
质量服务热线：4008-213-263

出版说明

语言与我们人类相生相伴：从日常生活的交际到内心深处的反思，语言的身影无处不在。如果哪一天没有了语言，我们的思考将如何进行，我们的存在又将何去何从？这是难以想象的。语言承载着我们人类的传统和共同记忆，语言照见我们与世界各地其他民族之间的社会现实关联，语言将我们的知识、思想和信仰传递给后世。世界上每一门语言，都是人类的一种世界观；它既能反映使用该语言的民族特有的相关属性和其在历史上的盛衰涨落，也能昭示其未来的趋向。

上海外语教育出版社策划并组织编写了"外教社世界语言小史丛书"，旨在助力广大外语学习者较系统地了解某一门语言的发展历程。每册小书的内容主要介绍该门语言在历史上各个时期的社会状况、文化状况以及与语言变化相关的外部因素等。为因应时代的需要，我们为每册小书录制了微课视频，以期视频资源能帮助读者朋友快速抓取全书主旨，与面向深度阅读的纸质图书相互呼应。

本丛书首批出版语种包含英语、日语、俄语、法语、德语、西班牙语等，后期还将陆续扩展，祈盼得到各界专家学者与广大读者的关注与支持。

上海外语教育出版社

序言

上海外语教育出版社推出"世界语言小史丛书",社长孙玉先生希望我为此写序,简介这套丛书的出版背景。犹豫再三,我还是答应完成这项任务,犹豫的原因是,虽然我上大学时学的是语言专业,对语言学的知识很感兴趣,也有些阅读体会,但远不足以评说专业工作成果;之所以答应,是觉得应该向读者介绍一下本丛书产生的背景。我深切地感到,语言学知识是人类知识体系中最丰富、最基础也是最为神奇的一部分,是我们所处之万物互联、智能互通时代的灵魂部分。随着人工智能的兴起以及数字技术的变革,一个语言学兴盛的时代正在到来。限于篇幅,恕不对此赘述,我还是言归正传完成介绍丛书背景的任务。

2014年1月来到上海外国语大学工作之前,我在德国柏林工作六年,其间经历过几件与语言研究和语言教育相关的事,给我留下深刻印象。

第一件事是,2013年参观柏林自由大学孔子学院举办的德国汉语教学历史展。自由大学罗梅君教授(Dr. Mechthild Leutner)和余德美女士(Dagmar Yu-Dembski)带领孔院团队对德国汉语研究与教学三百多年的历史做了系统梳理,展览很成功。其间,德国东方学家米勒(Andreas Müller,1630—1694)声称发明汉语速成方法"中文钥匙"(Clavis Sinica)并待价而沽的神奇故事深深地吸引了观众。17世纪的欧洲经历了文艺复兴的洗礼，语言从基督教意义上神谕的载体变为人认识自己和自然的工具。英国哲学家洛克（John Locke，1632—1704）认为：解释不清语言，就解释不清人何以能认知世界，就无从谈论知识。德国哲学家莱布尼兹（Gottfried Wilhelm Leibniz，1646—1716）相信，数字和字母的组合可以构成人类思想的"通用字母"，一种"普遍语言"将让人类各民族间的交际不再有语言的障碍。此时汉语被介绍到了欧洲，给寻求普遍语言的热情增添了活力，莱布尼兹和洛克等人都试图在汉语和汉字中找到启发，借助"普遍语言"或"元语言"实现人类普遍交流和普遍认知，回归到"前巴别塔"时代的神性境界。这就可以解释，为什么莱布尼兹要向米勒请教快速有效学习汉语的方法。不过，史学家认为，莱布尼兹在学习汉语方面并未获得他希望得到的帮助，米勒最终也没能像他宣扬的那样公布汉语速成的方法。虽然米勒的汉语速学法被认为是商业炒作，但我们仍然能够从欧洲人17世纪热衷于普遍语言的探索中感受到语言知识被赋予的崇高地位——语言是人回到神性世界的钥匙。

第二件事是，柏林各大学术研究机构每年夏天都要联合举办"科学长夜"活动，向市民公开展示各自的研究成果。向社会开放，是学术和文化机构的社会责任；而时间放在晚上，是为了方便白天工作的市民。洪堡大学地处城市中心，每至科学长夜，校园里熙熙攘攘，各类学术活动丰富多彩。该校亚非所也经常组织展览，有些年份还邀请来自亚非国家的专家介绍各自的语言和文化。因为内容陌生或是活动的形式单调，亚非所的展台不像其他"学术摊位"那么热闹，来此体验的人不多；而我差不多每次都去看看，一是有兴趣，二是这里相对安静。有一年的"长夜"上，亚非所展出了一些声音资料供参观者体验，是很多年前非洲人的录音，尽管听不懂，但从声音档案可以想象出说话人可能的遭遇，感受到殖民统治年代压迫者的傲慢和被压迫者的悲惨。俾斯麦时期（19世纪下半叶），德意志帝国进入了殖民扩张的行列，但帝国缺乏与殖民地区相关的语言能力和知识储备，也因此更缺乏能够经营和管理"殖民事业"的人才。这促使俾斯麦在1887年设立了"东方语学院"（Seminar für Orientalische Sprachen，简称SOS）。学院挂靠在柏林大学（现称洪堡大学），但在联邦政府（外交部提供经费）支持下独立运作，主要目的是为各领域培养会目标地区语言、懂目标地区社会文化情状、能够从各方面参与殖民事务的人才。这样一项对帝国十分迫切的任务，是当时学科划分日益细化的传统大学难以完成的，它需要学科间的交叉协同和行政资源的协作整合，学院挂靠在柏林大学又独立运作的原因大抵如此。德国人的做法引起了英国人的警觉。英国人认为，德国建立东方语学院是在与英国竞争殖民实力；他们甚至把德国每设立一个东方语新教席比喻成新造了一艘军舰，并宣称英国人不应输掉这场由德国人挑起的"东方学竞争"。这段历史催生了后来的伦敦亚非学院。从德国东方语学院的建立、发展及由此激起英德东方学竞争的历史看，19世纪欧洲外语教育机构的建立与欧洲的殖民扩张政策相伴而行，语言能力是国家实力政策的一部分，外语是实行殖民扩张政策的工具。

第三件事是一种印象，即历史上对语言研究的热衷给柏林这座城市留下了格外显著的印记。1753年，法国第戎科学院发起"人类不平等的起源何在？"的征文。卢梭（Jean-Jacques Rousseau，1712—1778）写下了《论人类不平等的起源和基础》这一不朽名著，而德国人此时似乎更关心语言问题。十多年后的1769年，普鲁士科学院面向欧洲设奖，征集有关语言起源问题的文章。赫尔德（Johann Gottfried Herder，1744—1803）的《论语言的起源》，在与当时多位不同专业、很有影响的大家的作品竞争中脱颖而出，成为语言学史上的经典。该书反对语言神授说，主张语言是人的本质所在；人之为人，皆因其有语言，悟性是人类内在属性，而语言则是外在标志。法德两个科学院关注议题的差异，也许为我们今天观察两个民族的异同提供了一些启发：法国人很关心社会问题，而德国人更关注人本身，关注人类所独有的"悟性"与语言的关系。从某种程度上说，语言特征有助于了解不同民族的特性。

沿着赫尔德关于悟性与语言的关系的思路继续探索，就会发现：语言与人们感知、理解和表述世界之间存在相互限制、相互影响的作用。对此，天命之年卸去官场劳顿在柏林北郊专注于语言研究的威廉·冯·洪堡特

（亦译洪堡，Wilhelm von Humboldt，1767—1835）认为：人的"语言观"（Sprachansicht）如果不能超越自身民族语言的局限就会束缚人的知识和思维，影响人的"世界观"（Weltansicht），因此，人若要挣脱母语的藩篱，就要进入另外一种语言，"学会一种外语就意味着在业已形成的世界观的领域里赢得一个新的立足点"[1]。由此观之，学习外语对洪堡特而言，不仅仅是出于人与人交流的需要，更关乎人的世界观，关乎人的自我认知和自我完善，通过丰富多样的语言表达形式，人在精神上可以达到趋于完美的境界。这就可以理解在洪堡特的教育思想和由他拟定的教育政策中语言学习为何具有重要的位置。

柏林还有很多与语言研究相关的历史人物和历史成就可以书写。在2013年底准备离开这座城市、回国到上海外国语大学工作之际，我不由想起，对世界语言研究有着如此悠久历史的柏林是否会有专门的世界语言博物馆？让我意想不到的是，有着众多主题博物馆的柏林居然没有语言博物馆；同样让我没有想到的是，柏林几位热心市民刚刚注册成立了一个"世界语言博物馆筹备协会"，正着手策划博物馆的建馆方案。

来到上外后，我和一些同事谈及世界语言博物馆建设的想法。大家普遍认为，上外应该建立一所展示世界语言和语言研究成果的博物馆，填补我国在这个领域的空白，为推动语言学习和研究、促进各国交流和理解做点实事。有的同事表示，一个大学需要有一个博物馆，向社会传播知识，展示研究成果——这是大学应尽的社会责任，也是增进大学与社会互动的有效渠道和国际合作的平台。

经过多方策划、筹备、设计和施工，上海外国语大学世界语言博物馆于2019年落成。此事受到了学术圈和社会各界的广泛关注。参与这项工作的主要是一批有专业水平、学术理想和事业精神的年轻同事，他们干了一件了不起的事。借此机会，我谨向他们表示敬意。

博物馆虽然已经落成，但其建设还远没有结束，展品和内容需要不断

---

[1] 威廉·冯·洪堡特：《论人类语言结构的差异及其对人类精神发展的影响》，姚小平译，商务印书馆，2010，第72页。

充实和完善。其中，系统介绍世界各国语言，哪怕是几种主要的通用语言，就是一项十分庞大的工程，在我国尚无先例，因此我们无法预测需要有多少代人去做！就此话题，我和出版社孙玉社长交流，他给予了大力支持，积极组织有关语种的专家学者分头撰写语言史。想到工程艰巨，还是从小做起，脚踏实地，给即将出版的作品定名为"外教社世界语言小史丛书"，算是开个头吧。

  本丛书为开放系列，首批出版语种包含英语、日语、俄语、法语、德语、西班牙语等，后期还将陆续扩展。希望这套世界语言小史丛书，既关注全球范围内广泛使用的语言，也关注一些已经消亡或濒临消亡但对人类文明的演进具有重大影响意义的语言，比如拉丁语、梵语等。

  最后，我想借此机会对各位作者表示衷心的感谢；同时，也期待更多的学者和读者加入其中，关注语言，关怀人类，关心我们自身，让语言成为打开各国各民族人们理解之门的钥匙，为我们每个人的完善与发展，为世界的和平与发展奠定坚实的人文基础。是为序。

姜　锋
2021 年 8 月于上海

目录

第一讲　葡萄牙语概述 / 001

01　葡萄牙语的起源 / 002

02　葡萄牙语的形成 / 009

03　葡萄牙语的历史分期 / 017

第二讲　古葡萄牙语 / 025

01　从拉丁语到加利西亚-葡萄牙语 / 026

02　加利西亚-葡萄牙语 / 036

03　古葡萄牙语的特点 / 045

第三讲　中世纪葡萄牙语 / 054

01　1383—1385年革命与葡萄牙语 / 055

02　航海大发现与葡萄牙语 / 062

03　中世纪葡萄牙语的特点 / 070

第四讲　古典葡萄牙语 / 080

　　01　从中世纪葡萄牙语到古典葡萄牙语 / 081

　　02　文艺复兴与葡萄牙语 / 088

　　03　古典葡萄牙语的特点 / 098

第五讲　现代葡萄牙语 / 106

　　01　从古典葡萄牙语到现代葡萄牙语 / 107

　　02　现代葡萄牙语的地位 / 115

　　03　现代葡萄牙语的特点 / 121

第六讲　当代葡萄牙语分支 / 128

　　01　欧洲葡萄牙语 / 129

　　02　巴西葡萄牙语 / 135

　　03　非洲葡萄牙语 / 145

第七讲　外来语对葡萄牙语的影响 / 154

　　01　阿拉伯语对葡萄牙语的影响 / 155

　　02　法语对葡萄牙语的影响 / 162

　　03　英语对葡萄牙语的影响 / 170

第八讲　当代葡萄牙语的语言规划政策 / 177
　　01　葡萄牙语正字法 / 178
　　02　葡萄牙的语言对外推广政策 / 189
　　03　中国的葡萄牙语教学 / 198

参考文献 / 206

第一讲
▼
葡萄牙语概述

按母语人口计算,葡萄牙语是世界第六大语言,在欧、美、非、亚四大洲有超过2亿人使用这门语言。由于历史和地理的关系,葡萄牙、巴西、安哥拉、莫桑比克、佛得角、几内亚比绍、圣多美和普林西比、东帝汶等国家都以葡萄牙语为官方语言。中国澳门特别行政区也把葡萄牙语定为"正式语文"之一。

01 ▶ ▷
葡萄牙语的起源

"Da mudança que as lingoas fazem per discurso de tempo: Assi como em todas as cousas humanas ha continua mudança & alteração, assi he tambem nas lingoages."

"语言通过变化而成为时间进程的一部分：所有人类事物都在随时间不断变化和改变，语言亦是如此。"

——杜阿尔特·努内斯·德莱昂

（Duarte Nunes de Leão）[1]

大部分关于葡萄牙语的介绍中，我们都可以看到这样的表述："葡萄牙语，简称葡语，属于印欧语系"。印欧语系这一概念源自18世纪的英国语言学家威廉·琼斯（William Jones），他认为印度和绝大多数欧洲语言都源于"原始印欧语"。实际上，随着数百年来无数变迁，原本单一的原始印欧语早已枝叶扶疏，至今已分化出包括罗曼语族（葡萄牙语、西班牙语、意大利语、法语等）、日耳曼语族（英语、德语等）、凯尔特语族（爱尔兰语、威尔士语等）等使用者人数过亿的大型语族。那么，原始印欧语究竟是什么？现代葡萄牙语是否由原始印欧语这一祖先演化而来？是否曾受其他语族的影响？正如埃斯佩兰萨·卡尔代拉（Esperança Cardeira）在其著作《葡萄牙语历史的精髓》(*O Essencial sobre a História do Português*)中提到的，"如果我们对前罗马时代居住在伊比利亚半岛上的人们知之甚少，那么我们就更不可能了解他们所讲的语言"[2]27。因此，要想解答这一系列的问题，我们必须将目光投向公元前的伊比利亚半岛，去往那片群雄争霸的土地一探究竟。

一、前罗马时代

历史上，伊比利亚半岛很早便开始有人类定居。随着时间的推移，不同的原始部落从各地迁徙而来，不同的民族和语言在这里交汇。他们或从欧洲北部和亚洲东部翻越高加索山脉到达欧洲，再翻越比利牛斯山脉抵达伊比利亚半岛的中部和西部，例如凯尔特人（Céltico）和巴斯克人（Bascos）；又或者从北非和地中海东部沿岸地区跨越地中海，占领半岛的东部和南部，例如鞑靼人（Tártaros）和腓尼基人（Fenícios）。

经过无数大大小小的冲突，在罗马人踏入伊比利亚半岛前，半岛上各原住民族均已形成在各自的土地上安分守己、繁衍生息的稳定态势。虽然各民族及其语言的名称和数量难以悉数考证，但我们仍可以从历史文献中确定一些势力范围较大、分布较广的民族，其中主要包括：半岛南部和东部的伊比利亚人（Iberos）、中部和西部的凯尔特人、南部海岸的腓尼基人以及北部山脉的巴斯克人。与此同时，各民族部落内均有各自流通的土著语言。历史上，分布在伊比利亚半岛上的这些语言被统称为"前罗曼语"（línguas pré-romanas）。

与如今的伊比利亚半岛相比,当时这片土地上的语言种类繁多,盛行的语言主要包括伊比利亚语(ibero)、凯尔特语(celta)、原始印欧语(indo-europeu)、巴斯克语(basco)、图尔德塔尼奥语(turdetânio)、塔尔特夏诺语(tartessiano)等。如今的葡萄牙主要由卢济塔尼亚人(Lusitanos)和凯尔特人定居,语言种群主要包括凯尔特语和原始印欧语。这些语言均为日后葡语的形成提供了基础。事实上,当时半岛还从未迎来一种可以统一各个民族的语言,而这一状况最终被带着拉丁语到来的罗马人改变了。

二、罗马化进程

公元前8世纪,腓尼基人在北非突尼斯建立了殖民城邦——迦太基共和国。此后,迦太基逐渐成为强大的奴隶制国家,之后不断向西地中海扩张,并在伊比利亚半岛东部建立贸易据点。其时,适逢亚平宁半岛的罗马共和国崛起,两国均有意争夺西部地中海霸权,并由此爆发了三次大规模军事冲突,史称"布匿战争",结果均以罗马的胜利而告终。其中,在公元前218年爆发的"第二次布匿战争"中,罗马人首次登陆伊比利亚半岛;公元前206年,迦太基人被赶出伊比利亚半岛。

然而,战役取得的胜利并不意味着罗马人成功征服了这片土地。罗马共和国只占领了半岛地中海沿岸的部分区域,并将其分为两个行省:位于东北部的近西班牙行省(Citerior Hispânia)和位于西南部的远西班牙行省(Ulterior Hispânia)。在之后的征服过程中,罗马军队遭到了当地原住民(主要是伊比利亚-凯尔特、卢济塔尼亚人等)的顽强抵抗。从公元前218年入侵加泰罗尼亚海岸到最终平定西北半岛地区,罗马军队用了近两个世纪的时间才彻底将整个半岛收入囊中。公元前27年，屋大维称帝，共和国改为帝制，半岛原有的两个行省边界也获得大规模扩展。同年，罗马帝国将当时的远西班牙行省以瓜迪亚纳河（Guadiana）一分为二，以北地区称为卢济塔尼亚行省（Lusitânia），以南地区称为贝蒂卡行省（Bética），并将当时的近西班牙行省改名为塔拉科嫩瑟行省（Tarraconense）。公元前7年至公元前2年，卢济塔尼亚位于杜罗河（Douro）北部的一部分土地划归塔拉科嫩瑟所有，并于公元3世纪初成为独立的加利西亚行省（Galécia）。至此，罗马帝国在伊比利亚半岛上的版图已为最初的葡萄牙王国及其语言勾勒出了边界：卢济塔尼亚行省及加利西亚行省南部地区基本为未来的葡萄牙国土。

正如无数史实向我们证明的一样，战役的胜利并不意味着单纯的行政管辖——新的殖民统治，即深入彻底的罗马化进程，随着新政府的到来进入了伊比利亚半岛。在当时的伊比利亚半岛上，罗马化对半岛的政治、经济、文化和社会产生了深远的影响：罗马士兵和军人获得封地，接踵而至的罗马殖民者在新的土壤上安家立业，按照罗马标准建立新的城市和学校，商人则带来了贸易和市场。另一个重要的输入品是罗马法律，它直到现在仍是葡萄牙和巴西的法律基础。虽然整个半岛的罗马化速度存在一定差异，这一进程仍在很大程度上使得原先各自为营的半岛土著民族以某种形式统一了起来，其中最典型的例证之一便是拉丁语的普及和推广。

三、拉丁语的发展

强大的罗马文化作用于被征服的人民，征服者的语言，即拉丁语，也在伊比利亚半岛迅速传播开来。拉丁语是罗马帝国的官方语言，主要分为古典拉丁语（latim clássico）和通俗拉丁语（latim vulgar）。其中，古典拉丁语又称书面拉丁语（latim literário），主要活跃在罗马共和国晚期和帝国时代早期，既是帝王、贵族、神职人员、参议员等权力阶级使用的书面语言，也是当时诗人、哲学家等文学大师撰写著作的语言，例如塞内加（Lucius Annaeus Seneca）、西塞罗（Marcus Tullius Cicero）、普劳图斯（Titus Maccius Plautus）、维吉尔（Publius Vergilius Maro）等；而通俗拉丁语又称口语拉丁语（latim falado），更多在下层社会或文化程度较低的人民中口口相传，这其中也包括罗马军队。在罗马帝国的扩张政策下，通俗拉丁语随着罗马军队的铁蹄传播至半岛的各个角落。一方面，古典拉丁语因逐渐流于纯粹的书面形式，民众使用度低，最终与通俗拉丁语分离，成为了一种"文言文"，但仍依靠其丰富的书面资料得以保留。无论是如今世界各地的拉丁语课程，或是相关的拉丁语词典等研究资料，大部分都以古典拉丁语作为研究基础。而另一方面，通俗拉丁语凭借其灵活性高、实用性强的优势成为半岛人民的日常语言，为包括葡萄牙语在内的罗曼语族语言的形成奠定了重要基础。不过，在对罗曼语族发展史的研究过程中，由于通俗拉丁语留下的书面资料较为稀缺，难以对证，且这两种拉丁语间的差异并非南辕北辙，因此，尽管罗曼语更多是由通俗拉丁语发展而来，本书中出现的语言分析还是主要从古典拉丁语词源入手，确保所有分析有迹可循。

从语言层面来看，拉丁语在半岛的普及可以说是一个相对缓慢的过程。正如前文所提，罗马化进程在整个半岛的渗透速度不一；同样，对于罗马化进程中至关重要的通俗拉丁语推广而言，其植入时间、当地罗马化程度、城市和学校的创建水平等因素均决定了这一外来语言融入不同行省和城市的顺利程度。在当时的葡萄牙领土上，由于罗马军队最先进入南部地区，极大促进了当地的政治经济发展，城市建设更为发达，因此南部的罗马化程度更高，通俗拉丁语也收获了更广泛的群众基础，而在北部则收效甚微。后来，随着基督教在整个半岛的推广，通俗拉丁语的使用才得以进一步巩固。

语言并非孤立存在，其发展与人类的活动密不可分。因此，当不同的人类社群产生互动时，不同的语言也难免发生接触，并互相影响。在那些早期就有大量罗马人定居或盛行通婚政策的城区，通俗拉丁语的接受程度更高，原住民也更易实现双语化。双语化的出现意味着拉丁语和原住民语言开始有所交叉，语言的演变也随之开始。由于人类在学习新语言时总会难以避免地受到旧语言的影响，因此这种弱势语言也常常在改说强势语言的族群中留下些许痕迹，尤其是在语音和词汇方面。当弱势语言被强势语言取代，但又或多或少对这一外来语产生影响时，语言学上将这种被"盖"在强势语言下、仅留下某些印记的语言称为"底层语言"（substrato），与之相对应的便是取代这一底层的"上层语言"（superstrato）。一般来说，底层和上层语言的出现都是由军事扩张和宗教政策等政治因素强加的产物。对于葡萄牙而言，尽管目前可以证明当时通俗拉丁语受底层语言影响的资料并不多，我们仍可以从碑文、地名、人名、考古遗迹等方面略窥一斑。其中较为典型的便是通俗拉丁语受底层巴斯克语和底层凯尔特语的影响，具体例词如下表所示：

表1-1 底层语言影响通俗拉丁语实例

底层语言	对通俗拉丁语的影响	例　　词
巴斯克语	b/v 两辅音混淆	Ebora > Évora（葡萄牙城市埃武拉）
	n/l 两辅音脱落	dolore > door > dor（疼痛） lana > lãa > lã（羊毛）

续表

底层语言	对通俗拉丁语的影响	例词
凯尔特语	辅音腭音化（以pl、cl、fl形成ch为主）	plicare > chegar（到达） clave > chave（钥匙） flamma > chama（火焰）
	引入-briga后缀	Conímbriga, Arcóbriga, Lacóbriga（古罗马时期的城市名称）

值得一提的是，尽管迦太基曾完全占领过伊比利亚半岛，尤其是当时卢济塔尼亚南部的区域，但由于占领时间太短，且半岛上的部落也相对独立，因此腓尼基语对半岛语言以及葡萄牙区域的语言发展并没有太大影响。因此可以认为，现代葡萄牙语的主要起源是通俗拉丁语，其发展受到了各底层语言（包括凯尔特语、巴斯克语、伊比利亚语、原始印欧语等）的影响。

然而，从拉丁语到现代葡萄牙语，其间还隔了近千年。在葡萄牙语漫长的演变长河中，还有许多至关重要的转折点等待我们去探索。尽管后期罗马帝国消亡，外族入主，但那些外来语从未完全在这片土地上落地生根，反而以各种形式直接或间接地促进了葡萄牙语的形成和发展，使得葡萄牙语逐渐成形并彻底从通俗拉丁语中分化独立，这也将是我们接下来要探讨的内容。

02 ▶▷
葡萄牙语的形成

公元4世纪初,伊比利亚半岛局势相对稳定,当地的政治律法、社会架构、文化风情均已罗马化,从意大利半岛流传而来的通俗拉丁语也已完全取代了西班牙行省原有的各种土著语言,成为民众使用的主流语言。在通俗拉丁语分化至葡萄牙语的过程中,前者除了受半岛不同区域的不同底层语言影响外,也曾受到其他上层语言或邻近语言的影响。例如,日耳曼人和阿拉伯人进军伊比利亚半岛,使得日耳曼语和阿拉伯语对这一分化进程影响颇深。最终,这些语言一齐作用,催生出葡萄牙语的前身——加利西亚-葡萄牙语(galego-português)。

一、日耳曼人统治时期

公元4世纪末,曾盛极一时的罗马帝国内部纷争不断加剧,正处在分崩离析的边缘。公元409年,早就有意占领伊比利亚半岛的日耳曼人(Germânicos)趁罗马帝国衰弱之际,从欧洲北部大批涌入比利牛斯山脉以南,掀开了伊比利亚半岛历史上的"至暗时刻"。日耳曼人被罗马帝国称为蛮族（Bárbaros），主要包括苏维汇人（Suevos）、汪达尔人（Vandalos）和西哥特人（Visigodos）等民族。当时的加利西亚行省和贝蒂卡行省被苏维汇人和汪达尔人瓜分，卢济塔尼亚行省则被另一支来自古伊朗游牧民族的阿兰人（Alanos）占领，他们当时也随日耳曼人一同迁徙至伊比利亚半岛。公元410年，西哥特人发起对罗马城的进攻，后与罗马帝国签订条约，成为罗马的盟友。公元416年，为帮助恢复罗马帝国在伊比利亚半岛的权威，西哥特人进军半岛，击败阿兰人和汪达尔人，后来在半岛上建立起独立的西哥特王国。苏维汇人北退至加利西亚附近，以布拉卡拉（Bracara，现葡萄牙北部城市布拉加）为首都建立了苏维汇王国。公元585年，苏维汇王国被西哥特王国彻底吞并，自此，伊比利亚半岛迎来了长达一百多年的西哥特王国统治时期，直到公元711年阿拉伯人入侵，西哥特王国灭亡。

总体而言，日耳曼人的进军并未对半岛人民的生活产生翻天覆地的影响，因为当时半岛几乎已经被罗马化，日耳曼人在统治过程中也主动融入半岛当地的罗马社会，半岛整体依旧保持罗马时期的社会组织和语言习惯。西哥特人还用拉丁语编撰了《西哥特法典》（Código Visigótico），并运用这套法典来统治整个伊比利亚半岛。就语言层面而言，日耳曼语成为通俗拉丁语的上层语言，这主要体现在其对拉丁语语音和词汇的丰富上。例如，日耳曼语的重读习惯使得半岛中部的通俗拉丁语出现二合元音化（ditongação）现象，具体体现在[ɛ]和[ɔ]两个重读开元音上，这也成为同样源于拉丁语的葡萄牙语（porta > pɔrta、petra > pedra）和卡斯蒂利亚语（porta > puerta、petra > piedra）在后期出现差异的原因之一。另外，葡语字母中的ç来自西哥特文字，而葡语词汇中的"父名"（patronímico）构词法主要源自日耳曼语，如一些姓氏由其名在词尾添加日耳曼语后缀-ici构

成,表示"是某人的儿子",后逐步演变为 -es。按此构词法,现代葡萄牙语里常见的姓氏如下:

表1-2 父名构词法下的葡语常见姓氏

原 父 名	子 女 姓 氏
Gonçalo(贡萨洛)	Gonçalves(贡萨尔维斯)
Rodrigo(罗德里格)	Rodrigues(罗德里格斯)
Henrique(恩里克)	Henriques(恩里克斯)
Suero(苏埃罗)	Soares(苏亚雷斯)
Lope(洛佩)	Lopes(洛佩斯)
Nuno(努诺)	Nunes(努内斯)
Marco(马克)	Marques(马克斯)

除了日耳曼语作为上层语言对通俗拉丁语产生一定影响外,日耳曼人的出现使伊比利亚半岛与罗马帝国的其余地区隔离开来,罗马的统一彻底被打破。同时,日耳曼人的统治也使得半岛地区出现大范围的语言分裂(fragmentação linguística)现象,加速了通俗拉丁语变体(variedade)的产生。其原因在于,受不同底层语言影响,各地在罗马帝国统治期间流行的通俗拉丁语已产生不同的语言特征。而日耳曼人的统治不仅带来了各类上层语言的影响,还使得半岛更加远离罗马中央政权的管辖,社会因此缺乏一种统一的官方语言,取而代之的是各地日益分化的变体语言。语言学上,伊比利亚半岛上这些基于不同底层和上层语言独立分化而成的通

俗拉丁语变体统称为罗曼语（romance）[1]。

经过漫长的岁月，伊比利亚半岛最终形成了包括加利西亚-葡萄牙语、阿斯图里亚斯-莱昂语（astur-leonês）、卡斯蒂利亚语（castelhano）、加泰罗尼亚语（catalão）等在内的诸多罗曼语。但在西哥特社会时期，各罗曼语还未完全从通俗拉丁语中脱离出来。当时半岛大部分地区流通的语言主要为受西哥特语影响的通俗拉丁语——西哥特罗曼语（romance visigodo）。而对于处在半岛西北边缘的加利西亚而言，当地语言的使用和发展情况与半岛其余部分却有较大的差异：由于被纳入罗马帝国管辖的时间较晚、当地殖民者致力于开展农业而非城市建设，以及近一个世纪的苏维汇王国独立统治等诸多原因，与邻近行省相比，加利西亚的罗马化程度较低，且与外界的文化交流不甚密切。正因如此，该地基于独有的底层语言和上层苏维汇语，逐渐形成了一种形式特殊的通俗拉丁语，并在公元8世纪初摩尔人入侵伊比利亚半岛后不断发展，最终形成加利西亚-葡萄牙语。

二、摩尔人入侵

"摩尔人（Mouros）入侵"，又称"阿拉伯人入侵"或"伊斯兰入侵"，主要指公元8世纪北非信奉伊斯兰教的阿拉伯人（Árabes）和柏柏尔人（Bérberes）攻占伊比利亚半岛的军事行动，他们被当地的伊比利亚居民称为摩尔人。公元7世纪末，西哥特王国内部纷争加剧，逐渐衰落。与此同时，阿拉伯半岛上的阿拉伯势力崛起，一度辐射到北非和南欧地区。公元711年，应西哥特内部王室的军事援助请求，北非的摩尔人借机跨过

---

[1] Romance，或写作línguas românicas、romanço，均指罗曼语，亦称为"罗曼斯语"，来自拉丁语romanice，意为"以罗马人的方式说话"，被视为通俗拉丁语的延续。

直布罗陀海峡进入伊比利亚半岛，以迅雷不及掩耳之势侵吞了半岛南部的大部分土地，并一路北推至蒙德古河（Mondego）附近，于公元714年在半岛中南部建立起穆斯林王国。西哥特王国彻底灭亡后，半岛仍有众多基督教信徒，在阿拉伯人的攻势下，他们向北撤至半岛最北端，为日后夺回被攻占的土地养精蓄锐。中世纪的穆斯林将伊比利亚半岛称为安达卢斯（Al-Andalus）。现代历史学家常使用"安达卢斯王国"代表这一时期穆斯林治下的部分伊比利亚半岛，以此来与北部的基督教领土进行区分。

纷乱的战火结束后，半岛迎来了近五百年相对和平的时光：北部为残存基督教贵族的聚集地；南部则由摩尔人统治。摩尔人治下的安达卢斯王国采取"宗教宽容"政策，即不同信仰和民族的人民仍可以和平共处，那些拒绝皈依伊斯兰教的原住民也有一隅容身之地。当时的南部统一社会中主要活跃着摩尔人、皈依伊斯兰教的哥特西班牙人（Hispano-godos）、莫扎拉比人（Moçárabes）[1]和犹太人（Judeus）。

宗教的宽容也意味着语言和文化的共生。对于当时的南部地区而言，莫扎拉比人在保留了自己作为基督徒的拉丁语言习惯和文化认同的基础上，同时对阿拉伯语这一官方语言有所掌握。两种语言的交叉产生了一种新的莫扎拉比罗曼语（romance moçárabe），它被视为西哥特罗曼语的延续。另外，摩尔人的到来为半岛引入了先进的科学技术和生产工具，同时也一并引进了这些新概念、新物件的阿拉伯语名字。出于以上原因，阿拉伯语对拉丁语产生一定的影响。随着时间的推移，许多阿拉伯语单词彻底融入莫扎拉比人的日常用语中，成为当地文化的一部分。无论是建筑风格

---

[1] Moçárabe一词源自阿拉伯语，意为"受阿拉伯人统治的人"。在当时的社会特指按阿拉伯方式生活的基督徒。

抑或是语言文字，如今葡萄牙的南部境内仍保留着大量摩尔人入侵时期的痕迹。举例来说，蒙德古河以南的诸多地名均源自阿拉伯语，主要表现为以 ode（阿拉伯语读音本为 wad，意为"河流"）和 al（阿拉伯语中的冠词）为前缀的单词，例如奥德米拉市（Odemira）、阿尔加维省（Algarve）等。在衣食住行方面，现代葡萄牙语中也有许多词语的来源可追溯至阿拉伯语，例如海关（alfândega）、代数（álgebra）、瓷砖（azulejo）等。

尽管伊比利亚半岛南部的语言发展和文化风俗深受阿拉伯文化影响，但也仅限于词汇的丰富与延伸：由于阿拉伯人的宽容政策，阿拉伯语对于拉丁语的影响相对浮于表面，并未触及或改变语言系统的"根"。语言学上将这种能够"和谐共生"、不相互侵占的语言现象称为"邻近语言"（adstrato），伊比利亚半岛上的阿拉伯语便是一个典型的例子。所以可以认为，阿拉伯语对于未来葡萄牙语的形成起到了一定的促进作用。

而对于当时的半岛北部而言，阿拉伯语言和文化传播受到了当地基督徒的大力抵制，其影响明显弱于南部地区；西哥特王国的没落贵族间主要流行的语言依旧为各种通俗拉丁语变体。在摩尔人几百年的抑制下，北部基督教势力仍不断发展壮大，建立起阿斯图里亚斯王国（Reino das Astúrias）、纳瓦拉王国（Reino de Navarra）、莱昂王国（Reino de Leão）、卡斯蒂利亚王国（Reino de Castela）等几个小型的基督教王国，一大批罗曼语也初见雏形。在不同王国内，不同的罗曼语得以流通。作为葡萄牙语前身的加利西亚-葡萄牙语在当时已彻底脱离通俗拉丁语成为独立的语言，在莱昂王国民间大范围流传。公元10世纪，摩尔人势力已呈颓态，早已发展壮大的基督教势力趁机南下，加利西亚-葡萄牙语也随之向南扩张，最终成为后期葡萄牙独立王国的官方语言。

三、收复失地运动

摩尔人于公元8世纪占领伊比利亚半岛南部,欧洲基督教徒退到了半岛北部地区。从他们的角度看,摩尔人夺取了原先属于他们的领土,他们要从摩尔人手中夺回被攻占的地方,葡萄牙历史上称之为"收复失地运动"(Reconquista),又称"再征服运动"。实际上,收复失地运动在摩尔人踏入半岛的那一刻就已经开始了,只是初期西哥特贵族势力过弱,难以撼动当时强大的北非入侵者。尽管如此,仍有一小批笃信基督教的贵族在公元9世纪时在半岛北部成功建立阿斯图里亚斯王国,并逐渐向南扩张至杜罗河区域,占领了现代葡萄牙领土的好几个城市,包括波图卡莱(Portu Cale,现波尔图市),并在那里建立起葡萄牙领地(Condado Portucalense),为日后葡萄牙王国的形成奠定基础。公元10世纪,半岛的摩尔人统治已呈现没落之势,基督教徒向南的收复斗争则势如破竹。阿斯图里亚斯王国先是与邻近的加利西亚一起归入莱昂王国,后莱昂王国从波尔图(Porto)不断沿大西洋沿岸向南扩张,先后从摩尔人手中夺取了科英布拉(Coimbra)、圣塔伦(Santarém)、里斯本(Lisboa)和埃武拉(Évora)。随着公元1249年基督教徒对位于半岛南部沿海城市法鲁(Faro)的攻占,葡萄牙的领土完全形成。

可以说,摩尔人入侵和收复失地运动是促成葡萄牙语形成的关键因素。收复失地运动时期,大规模的人口流动使得大量北方居民南移,进入已收复的领土,北部贵族使用的语言也随之传播至整个葡萄牙。在新成立的王国内,尽管拉丁语仍是官方语言,但包括在南部留驻的莫扎拉比人和摩尔人在内的王国居民在日常生活中已开始大量使用加利西亚-葡萄牙语这一罗曼语。加利西亚-葡萄牙语很快取代了过去流通的莫扎拉比罗曼语和阿拉伯语，而阿拉伯语作为拉丁语的邻近语言，为其提供了语音和单词变体来源，并最终促进了当时葡萄牙境内加利西亚-葡萄牙语的形成。

在这一阶段，尽管加利西亚-葡萄牙语确实已作为区别于通俗拉丁语的一个分支而广泛流传，但加利西亚语和葡萄牙语之间还未出现明显的分界。公元1179年，随着葡萄牙第一任国王阿丰索·恩里克斯（Afonso Henriques）的身份得到罗马教廷正式承认，其治下的领土成为独立主权国家，葡萄牙王国与邻近的莱昂王国以国界分隔，两国的语言也开启了各自演变和分化的道路。正如英国语言学家拉尔夫·彭尼（Ralph Penny）提到的："……这一政治变化使得两国人民减少跨越国界的行为，语言创新也难以从一边跨越到另一边。"[3]的确，随着葡萄牙在建国后不断巩固政治自治，葡萄牙语也与加利西亚语渐行渐远。公元13世纪，葡萄牙国王迪尼斯一世（D. Dinis I）首次将葡萄牙语作为官方语言，用于王国的所有行政文件中。自那时起，葡萄牙语开始以书面形式呈现，例如《阿丰索二世的遗嘱》(*Testamento de Afonso II*)[1]和《托尔托记录》(*Notícia de Torto*)[2]。后来，随着葡萄牙成为海上强国，疆域不断扩张，葡萄牙语也经历了迭代演化，最终形成现代葡萄牙语。而加利西亚语则被视为西班牙语的一种变体语言，目前仍在西班牙北部的加利西亚地区使用。

---

1 《阿丰索二世的遗嘱》，于1214年6月27日撰写于科英布拉，被公认为现存最古老的用葡萄牙语书写的官方文献。
2 《托尔托记录》，撰写时间约为1211—1216年，应洛伦索·费尔南德斯（Lourenço Fernandes）的要求撰写而成，记录了两个家族之间的冲突事件。

03
葡萄牙语的历史分期

在追溯语言的发展史时,学者往往会借助古老的文献和背景史实分析判断。通过发掘和归纳书面文献中语言的不同特点,我们得以界定语言发展阶段以及演变时间。与具有精确日期的史实不同,语言的发展更加缓慢,任何语言变化的产生都无法像"翻页日历一样精准"[4],一个时代的语言往往会被下一个时代的一些作家继续使用,因此语言时期之间的界限划分总是缺乏严格的基准,不同学者对同一种语言的划分标准也常有分歧。

20世纪时,葡萄牙语历史方面的相关研究蓬勃发展,语言学家和历史学家对葡萄牙语发展的历史分期提出了不同标准。根据语言的普遍进化历程,葡萄牙语可以分为古代时期(época arcaica)和现代时期(época moderna)。两大时期基本以葡萄牙进入文艺复兴(15世纪中期至16世纪末)为界,前者从语言形成之初到文艺复兴时期,后者则从16世纪至今。不过,每个大的时期也可以细化成若干个小的历史时期,其中最具代表性的划分标准由瑟拉芬·内图(Serafim Neto)、皮拉尔·奎斯塔(Pilar Cuesta)和林德利·辛特拉(Lindley Cintra)三位语言学家提出,如下表所示:

表1-3 不同学者对葡萄牙语历史分期的划分

整体时期	年代划分	瑟拉芬·内图（1952）	皮拉尔·奎斯塔（1971）	林德利·辛特拉（1999）
古代时期	公元9世纪前	史前语言时期	前文学时期	前文学时期
	公元9世纪至13世纪初	原始语言时期		
	公元13世纪至14世纪末	游吟诗语言时期	加利西亚-葡萄牙语时期	古葡萄牙语时期
	公元14世纪末至16世纪	通用葡萄牙语时期	前古典葡萄牙语时期	中世纪葡萄牙语时期
现代时期	公元16世纪至18世纪	现代葡萄牙语时期	古典葡萄牙语时期	古典葡萄牙语时期
	公元18世纪至今		现代葡萄牙语时期	现代葡萄牙语时期

从上表中我们不难发现，葡萄牙语史的时期划分是相对开放的，语言时期的界定以及不同时期的定义存在明显的多样性和模糊性。基于对各个时期的整体考量，目前学术界对于辛特拉的划分方式认可度较高，本书也将主要依照此标准进行分析。

一、前文学时期（公元13世纪前）

在前两节，我们已经初步阐述了公元13世纪前葡萄牙语的起源与形成过程。该时期，尤其是公元9世纪之前，由于缺乏较为系统的文学性文字和完整的书面记载，语言的发展和特点还存在诸多无法考证的因素，因此大多数学者将这一时期称作前文学时期（período pré-literário）或者史前语言时期（período pré-histórico）。

收复失地运动初期，民众使用的口语便已有别于书面拉丁语，但大多数文件仍以书面拉丁语写就，口语的变化仍未明显体现在文书上。随着11世纪末葡萄牙领地雏形初现，作为口语的罗曼语与作为书面语的拉丁语日益偏离，并逐渐形成独立的加利西亚-葡萄牙语，成为当时葡萄牙人民的主要口语语言。后来，人们基于自己的口语习惯，在私人信件和部分王室文件里，将拉丁语字母按加利西亚-葡萄牙语的发音模式书写，从而形成新的拼读组合。但在前文学时期，大部分文献仍以拉丁文书写而成，社会上尚缺乏成形的加利西亚-葡萄牙语书面语体系。

二、古葡萄牙语时期（公元13世纪至14世纪末）

1214年的《阿丰索二世的遗嘱》标志着加利西亚-葡萄牙语这种特殊的罗曼语首次以书面形式出现。14世纪时诞生了大量以加利西亚-葡萄牙语书写的抒情诗和散文，其中以游吟诗歌《诗歌集》(*Cancioneiros*)的创作最为典型。游吟诗文化（cultura trovadoresca）作为首个加利西亚-葡萄牙语的文学潮流，在宫廷活动中尤其活跃。以爱情和讽喻为主题的游吟诗歌深受王公贵族的喜爱，也在很大程度上推动了加利西亚-葡萄牙语的使用和传播。正因如此，也有学者将这一时期命名为游吟诗语言时期（período trovadoresco）或加利西亚-葡萄牙语时期。

尽管加利西亚-葡萄牙语在13世纪至14世纪末期间广为使用，但拉丁语仍是书写时的首选项。正如记录员在几个世纪前遇到的问题一样，加利西亚-葡萄牙语和拉丁语在发音上的差异同样使得人们在书写这一新兴语言时遇到了困难：如何拼写那些拉丁语中原本不存在的发音？实际上，这一时期，语言最大的特点便是具有自由性：由于不同记录员的语言习惯不同，他们在记下同一发音的过程中所采用的拼写方式呈现出较大的差异，甚至有时在同一份文献中也会出现不同拼写方式的集合。例如在《托尔托记录》中，quinhão（份额）一词出现了 quinõ、quiniõ、quinnõs 三种写法[5]；而在同时代的《阿丰索二世的遗嘱》中，辅音组合 nh 的拼写则被统一为 ni，例如 tenho（我拥有）写成 tenio、venho（我来自）写成 venio 等[6]。为此，也有学者将古葡萄牙语时期（período do português antigo）称为语音时期（período fonético），特指记录员试图用旧的拉丁文字创造新的书写方式以记录所听到的新语音的时期。

三、中世纪葡萄牙语时期（公元14世纪末至16世纪）

由于14世纪末至16世纪的语言还未彻底定型，具有多样性，不同的语言学家对这一时期的语言称呼存在一定的差异，主要包括通用葡萄牙语（português comum）、前古典葡萄牙语（português pré-clássico）和中世纪葡萄牙语（português médio）等。

1383年，葡萄牙第一王朝的末代国王费尔南多一世（D. Fernando I）去世但未能留下男性子嗣，唯一的女儿比阿特丽斯（D. Beatriz）嫁给了卡斯蒂利亚国王，王位继承悬而不决。根据当时的婚姻条款，费尔南多一世的遗孀莱昂诺尔（D. Leonor）在比阿特丽斯诞下继承人前拥有摄政权，但她的上位招致了葡萄牙民众的强烈不满。当时，民间呼声最高的王位继承人是费尔南多同父异母的兄弟，葡萄牙阿维斯骑士团统领若昂（D. João）。1384年，卡斯蒂利亚国王进军葡萄牙，于是双方便开始了长达两年的军事对抗。最终，若昂于1385年彻底打败卡斯蒂利亚军团，取得了阿尔茹巴罗塔战役（Batalha de Aljubarrota）的胜利，葡萄牙因此进入第二王朝——阿维斯王朝统治时期。随着新国王登基，权力开始向新的阶级转移。商人群体获得重视，市民阶层（burguesia）、下层贵族甚至是手工艺人均有机会在政治和社会领域获得一席之地。葡萄牙中南部成为王室主要居住和活动的区域，影响力逐渐扩大。里斯本最终成为国家的首都，成为人口最多的城市和全国第一个港口。而葡萄牙北部，尤其是王国诞生地加利西亚逐渐失去其地位，沦落为陌生而遥远的边缘省份。

  公元14世纪，葡萄牙饱受黑死病与战争摧残，后又受到政治框架改变、经济中心南移以及文艺复兴等影响。以上因素不仅极大地推动了社会发展，对语言层面也影响重大。此时，以中南部为发展中心的葡萄牙语与北部的加利西亚语也因政治因素而渐行渐远，最终分离开来。而刚刚登上统治舞台的阿维斯家族重视语言和文化发展，历任国王均著有多部葡萄牙语作品，这有力助推了葡萄牙语的发展与完善，使其成为一大批作家撰写散文、小说和史书的首选语言。15世纪，葡萄牙语的发音、词汇、句式结构逐渐独立，葡萄牙语进一步成熟和固化。里斯本成为国家的语言中心和标准建立地，葡萄牙南部则涌现出大批文化机构，如阿尔科巴萨修道院（Mosteiro de Alcobaça）和科英布拉的圣克鲁什修道院（Mosteiro de Santa Cruz）等，均作为图书馆和学校，成为当时重要的文化和语言中心。

  许多史学家认为，公元15世纪和16世纪是人类首次开启现代文明扩张的时期，而独立后的葡萄牙作为伊比利亚半岛上最西端的一个小国，其特殊的地理位置也在很大程度上催化了葡萄牙开启伟大海上征程的道路，即航海大发现（Descobrimentos）。自1415年开始向海外扩张殖民后，葡萄牙的领域不断向外延伸，逐渐成为中世纪的世界霸主。与此同时，葡萄牙语言与文化也愈加成熟与完善。据史料考证，大航海时代葡萄牙语的发音已比较接近现代葡萄牙语。

航海大发现将葡萄牙语带到了非洲、亚洲和美洲。由于地域差异及当地原生语言的影响，葡萄牙语逐渐演化出两种形式：欧洲葡萄牙语和海外葡萄牙语。其中，后者在亚洲及非洲形成了一种通用语（língua franca），在南美洲的巴西则与当地语言互相结合影响，形成克里奥语（crioulo）等混合语。后期，巴西取得独立，形成了具有巴西特色的葡萄牙语，丰富了葡萄牙语体系。

四、古典葡萄牙语时期（公元16世纪至18世纪）

16世纪至18世纪期间，经历过文艺复兴洗礼的欧洲面临巨变，整个资本主义社会的政治、经济和文化都经历了大规模动荡。葡萄牙在此期间有过多次王朝更迭，大航海时代的繁荣昌盛业已成为过去，社会正处于极度混乱的境地，亟待各种规范来维系社会层面的正常运作，结束当时的乱象，其中就包括对语言的规范化。

而古典葡萄牙语（português clássico）的出现恰好解决了这一问题：1536年，葡萄牙语言学家费尔南·德·奥利韦拉（Fernão de Oliveira）出版了葡萄牙语历史上的第一本语法书——《葡萄牙语语法》（*Grammatica da Lingoagem Portuguesa*），标志着中世纪葡萄牙语时代的结束。语法的出现意味着葡萄牙语逐渐趋于规范和系统性元语言化（metalinguística sistemática）[1]，葡萄牙从此进入更为严谨的古典葡萄牙语时期。此后，葡萄牙语词汇、词形和句法均趋于规范，出版产业和文学大规模发展，一大批语法书籍和词

---

1 "元语言"是一个语言学术语，在这里指葡萄牙语本身成为用于描述和研究语言的语言。在此之前，葡萄牙语仅用于表达文学或纪实作品，而非描述语言的语言学作品。

典得以编写和出版。随后，以路易斯·德·卡蒙斯（Luís de Camões）、吉尔·维森特（Gil Vicente）、弗朗西斯科·德萨·德米兰达（Francisco de Sá de Miranda）为首的大文豪们则进一步将古典葡萄牙语发扬光大，撰写了包括《卢济塔尼亚人之歌》（*Os Lusíadas*）在内的文学巨著，并作为连接中世纪文化和文艺复兴、中世纪葡萄牙语和古典葡萄牙语的桥梁，以其人文主义视角赋予了古典时代新的内涵。从这时起，文字本身已成为学习和研究的对象以及思想情感与审美表达的途径，而非简单用于日常交流与文字记载的工具。1537年科英布拉大学（Universidade de Coimbra）的建立以及语法、文学课程的开设使得葡萄牙语的规范性发展获得根本性提升。16世纪和17世纪时，葡萄牙学者已经开始使用葡萄牙语撰写和发表学术论文与文学作品。

图1-1 费尔南·德·奥利韦拉撰写的《葡萄牙语语法》

五、现代葡萄牙语时期（公元18世纪至今）

18世纪以来，尤其是19世纪中叶欧洲发生第二次工业革命后，各国科技和生产力飞速发展，葡萄牙也成功搭上了这趟经济快车。随着新兴技术和产业的蓬勃发展，葡萄牙语也开始从古典走向现代，并形成与当代葡萄牙语基本一致的现代葡萄牙语（português moderno）。作为变革的先锋，英国和法国不仅向欧洲其他国家输出先进技术，同时也推动大量新兴概念和语言现象融入葡萄牙语中，从而使葡萄牙语词汇系统更加丰富，语法结构也更加完善。同时，海外葡萄牙语也逐渐演化出自身特色，在不同国家形成了各自的语言标准。20世纪以来，葡萄牙语成为连接不同文化背景、民族属性的人民的交流工具，语言传播获得长足的发展。

第二讲
▼
古葡萄牙语

　　古葡萄牙语时期，葡萄牙盛行以加利西亚-葡萄牙语书写的游吟诗，因此，这一时期亦被称为游吟诗语言时期或加利西亚-葡萄牙语时期。此时，拉丁语的影响尚存，且加利西亚-葡萄牙语并未带来创新性的书写方式，因此，人们仍然使用原有的拉丁文字记录新兴的语音。

01 ▶▷
从拉丁语到加利西亚-葡萄牙语

语言学家卡尔代拉将拉丁语定义为一种"高度同质化、结构精巧、语法严谨复杂的语言"[2]21。如今,拉丁语被认为是一种"死语言"(língua morta)[1],但它曾有过数世纪的辉煌,在不同的土地上生根发芽,在不同的社会文化阶层中占据一席之地。

正如前文所述,现代葡萄牙语等一众罗曼语言的形成均基于通俗拉丁语的传播与分化,而后者作为一种口头语言,其发展又难以被实时追踪并记录在案,供后世研究。实际上,语言创新通常都是由个体在意外中创造的,倘若群体接受了这一创新,便会很快传播开来,最终以各种形式进入书面语。因此,尽管书面语相对保守,难以尽现口语的变化与特色,但在语言史研究中仍为学者提供了极为重要的参考证据。

虽然留存至今的通俗拉丁语书面文献寥寥无几,我们仍能在一些文学作品、私人书信、铭文、技术合同等古籍中按迹寻踪。罗马共和国时期的著名喜剧作

---

1 死语言,又称灭绝语言、绝迹语言,与"活语言"(língua viva)相对,主要是因为不再有人将其作为母语,例如拉丁语、吐火罗语、哥特语等。

家普劳图斯在其作品中记录或模仿社会"下等人"的语言,即通俗拉丁语;在庞贝古城发掘出土的涂鸦(Graffiti de Pompeia)向我们展现了公元1世纪时期民众的日常用语;而如今,了解通俗拉丁语最重要的途径之一是一本公元4世纪的《语法指导手册》(*Appendiz Probi*),其中规定了古典拉丁语的语法规范,并对227个口语错误进行纠正。正是因为有了这些文献与记录,我们才能认识到,当时的口语中常用的通俗拉丁语与古典拉丁语已有较为明显的不同。

罗马非一日建成。同样,从古典拉丁语到通俗拉丁语,再到加利西亚-葡萄牙语等罗曼语,语言也经历了诸多方面的变化。接下来,我们将具体从语音、词法和句法、词汇等方面探究古葡萄牙语时期拉丁语的大致演变过程。

一、语音的演变

罗马帝国时期,在整个帝国流通的通俗拉丁语都经历了一些语音方面的变化,伊比利亚半岛上的西班牙通俗拉丁语(latim vulgar hispânico)[1]也不例外,主要表现为新的元音和辅音系统的形成。古典拉丁语的元音系统包括5组相对的长短元音(Ā/Ă, Ē/Ĕ, Ō/Ŏ, Ī/Ĭ, Ū/Ŭ)。不同的长短元音具有区分语义和改变语法功能的作用,例如同样表示"罗马"的三个不同的拉丁语词形ROMĂ、ROMĀ和ROMĂM[2],由于词尾不同,因而分别在

---

[1] 除西班牙通俗拉丁语外,罗马帝国时期还存在意大利本地的通俗拉丁语以及高卢通俗拉丁语等多种变体。

[2] 古典拉丁语时代并没有大小写字母的区别。早期,所有文本都以类似于今天所称的"大写"字母书写,而"小写"字母只是一种文员誊抄模仿时诞生的书写体。由于石刻作品的持久性,许多学者将古典拉丁语的研究重点放在这些作品上,并将其中的"大写"字母视为古典拉丁语的重要表现形式之一。直到中世纪,随着书籍的广泛传播,更易于书写的小写体开始大范围流传,而大写字母仅出现在每一章的开头。文中的"大写体"字母只是模仿当时人们所使用的古典拉丁语字体,为读者展示当时的书写风格,与现代的"大小写"字体有所不同。鉴于本书并非研究拉丁语的著作,我们将不再深入探讨不同时代拉丁语单词的字母格式,并统一在后文中使用现代的书写模式,即小写体进行书写。

句中充当主语、补语和直接宾语的作用。在拉丁语的演变过程中，元音的长短差异逐渐转化为口腔开合程度的不同，而那些发音部位接近的元音则相互重叠，最终形成了由7个元音组成的通俗拉丁语元音体系，与加利西亚-葡萄牙语的元音系统基本一致。

表2-1　罗马帝国时期通俗拉丁语元音系统

Ā Ă Ī Ĭ Ē Ĕ Ō Ŏ Ū Ŭ
a　 i 　e　 ɛ 　ɔ 　o　 u

通俗拉丁语的辅音系统则主要发生了腭音化现象。这一现象在罗马帝国形成初期便已出现，后席卷整个罗马帝国，对后期罗曼语的语音系统产生了重要影响。在古典拉丁语中，ci/ce和gi/ge的发音与现代葡萄牙语中qui/que和gui/gue的发音相同。但在通俗拉丁语中，辅音c和g的发音部位逐渐向前靠近元音i和e，开始形成新音素。最终，ci/ce中的辅音c读作[ts][1]。gi/ge中的辅音g在词首时读作[dʒ]，接近于现代葡萄牙语中的[ʒ]发音，如gente（人）；而在词中则演化成为[j]，并最终消失，如意为"寒冷的"古典拉丁语词源frīgĭdu-中的辅音g便在演化中逐渐消失，在公元10世纪的文献中人们便已发现frido这一书写形式，例如"riu frido"（寒冷的河）[7]。另外，其他辅音在与元音i和e结合时也出现了腭音化现象，甚至产生了新的辅音书写方式，例如j、nh等。总体而言，通俗拉丁语中形成了6个新的辅音音素，并保留至加利西亚-葡萄牙语中，具体如下表所示：

1　本文中出现的语音音素符号均参照国际音标（Alfabeto Fonético Internacional）的标准书写。

表2-2 帝国时期通俗拉丁语腭音化影响加利西亚-葡萄牙语的例词

古典拉丁语词源	加利西亚-葡萄牙语 音素	加利西亚-葡萄牙语 例词	现代葡萄牙语 音素	现代葡萄牙语 例词	中文释义
civitāte-	[ts]	cividade	[s]	cidade	城市
pretĭāre	[dz]	prezar	[z]	prezar	欣赏
hodĭē	[dʒ]	hoj/oi	[ʒ]	hoje	今天
passĭōne-	[ʃ]	paixom/paxon	[ʃ]	paixão	激情
fīlĭu-	[ʎ]	filio/fillo	[ʎ]	filho	儿子
senĭōre-	[ɲ]	senhor	[ɲ]	senhor	先生

尽管日耳曼人在其统治的三个世纪中几乎没有留下任何和语言相关的文献，但拉丁语转变为前罗曼语这一进化路线毋庸置疑。一些特定的语言边界初具雏形，其中便包括伊比利亚半岛中部与西部语言的分界线，即加利西亚-葡萄牙语与莱昂语、卡斯蒂利亚语的边界。在语音方面，拉丁语单词中的辅音组合cl和ct出现腭音化现象，在不同的罗曼语中产生不同的结果。例如古典拉丁语单词ŏcŭlum（眼睛）和aurĭcŭla（耳朵）在口语中出现短元音ŭ的弱化，在通俗拉丁语中形成c'l辅音组合，并进一步在加利西亚-葡萄牙语中演化出腭音[ʎ]，书写为ll，即ollo和orella，在卡斯蒂利亚语中则演化为ojo和oreja；古典拉丁语单词noctem（夜晚）和lactem（牛奶）在口语中出现腭音化，在加利西亚-葡萄牙语中演化出腭音[j]，形成

noyte 和 leite，在卡斯蒂利亚语里则演化成为 noche 和 leche。

阿拉伯人的到来使得半岛文化南北分隔，半岛语言进一步创新。而北部又进一步出现内部政治区划，最终形成西北部加利西亚－葡萄牙语区、东北部莱昂语和卡斯蒂利亚语区、南部莫扎拉比语区这一"三足鼎立"的局面，且几乎互不干扰。语言学家在研究公元 10 世纪到 12 世纪半岛北部的文献时，发现了多种元音及辅音的变化，具体例词及现象如下表所示：

表 2-3 摩尔人入侵期间北部罗曼语言的分化现象

古典拉丁语词源	加利西亚－葡萄牙语	卡斯蒂利亚语	中文释义
	二合元音 ei、ou 等的保留	二合元音缩合为单元音	
primārĭu- paucu-	primeiro pouco	primero poco	第一 少量
	短元音 e、o 的保留	短元音 e、o 的二合元音化	
festa cŏva	festa cova	fiesta cueva	节日 坟墓
	词首辅音组合腭音化为 ch	词首辅音组合腭音化为 ll	
clāve- plenu-	chave cheo	llave lleno	钥匙 满的
	元音间 l、n 的脱落	元音间 l、n 的保留	
mănu- pălātĭu-	mão paaço	mano palacio	手 宫殿
	词中辅音 mb 的保留	词中 mb 缩合为 m	
palŭmba	pomba	paloma	白鸽

续 表

古典拉丁语词源	加利西亚-葡萄牙语	卡斯蒂利亚语	中文释义
	词首辅音f的保留	词首辅音f转化为辅音h	
formōsu-	formoso	hermoso	美丽的

但上述语音变化并非出现在伊比利亚半岛的每个角落：半岛南部流行的莫扎拉比罗曼语仍较为保守，保留了大量日耳曼时期，甚至更早的通俗拉丁语的语音特点。在对摩尔人时期的阿拉伯语诗歌节选"hardijas"[1]的研究中，学者发现了大量保守的语音现象，例如语言学家克劳斯·赫格尔（Klaus Herger）[8]在研究11世纪阿拉伯语诗歌时，就发现当时的语言中有大量元音间l和n保留的现象，如下所示：

Garid vos, ay yermanelas,

Com'contener é meu maili?

Sin el habib non vivreyu

Ed volarei demandari.

——西班牙诗人耶乌达·阿莱比（Yehuda Halevi）撰写的"moaxás"

---

1 摩尔人时期半岛出现了大量被称为"moaxás"的阿拉伯语诗歌，其末尾的2—4句称为"hardijas"，常以阿拉伯语或希伯来语书写，偶以莫扎拉比语书写，是语言学家研究当时半岛语言发展的重要来源。

Dizei vós, ai (minhas) irmãzinhas:

como hei de conter o meu mal?

Sem o (meu) amigo não viverei

e voarei a procura-lo.

——西班牙诗人达莫索·阿隆索（Dámoso Alonso）
的现代葡萄牙语译文

说吧诸位，哦（我的）小姐妹们：

我如何才能遏制我的邪恶？

没有（我的）朋友，我将无法生存

我会飞去寻他。

——作者翻译的中译文

受此影响，如今葡萄牙南部地区的许多地名与用语仍保留着元音间的 l 和 n，例如 Mértola（梅尔托拉市）、Odiana（瓜迪亚纳河的葡萄牙旧称）等。而在如今的阿尔加维省，例如 poente（日落的）和 manhã（早晨）之类的词语仍写为 ponente 和 manhana，均显示出当时莫扎拉比语相对保守的特点。

二、词法和句法的演变

在词法和句法方面，拉丁语向各罗曼语的演变方式较为相似。从语言类型的角度来看，古典拉丁语是一种综合型语言（língua sintética）[1]，其特

---

[1] 综合型语言与分析型语言（língua analítica）相对。综合型语言指通过词性变化表达语法关系的语言。包括葡语在内，所有印欧语都是综合型语言；而分析型语言无形态变化，只需通过语序及虚词来表达语法关系，例如汉语。

点之一便是具有格（caso）的变化。格的存在使得每个单词的功能都可根据词尾字母的数量和形态进行判断，因而古典拉丁语中单词的语序是随机的。例如，"Cicero amicis litteras scripsit."这句话中，litteras和amicis的词尾-as和-is分别是宾格和与格词尾，代表直接宾语和间接宾语。因此，即便我们改变词序，如"Cicero scripsit amicis litteras."，这句话的意思也并不会改变，均为"西塞罗给朋友写信"。

但随着通俗拉丁语语音系统的改变，即元音系统中长短元音对立的消失，原本代表不同语法作用的词尾也随之消失，例如前文提到的ROMĂ、ROMĀ和ROMĂM三个词形最终都转化为ROMA。这种变化使得单词无法直接表达语法意义，尤其是名词失去了主格和宾格的区分。为了弥补名词形态的匮乏，通俗拉丁语词序变得严格，宾语前发展出前置词（preposição），并基本形成了主语—谓语—宾语（SVO）句式。随着变格的简化，词尾的s仅用于指代单复数，词尾的o和a则代表单词的阳性和阴性。除名词外，通俗拉丁语动词系统逐渐复杂化，例如将来时简单式变位动词cantabo发展为更复杂的cantare habeo，并最终形成加利西亚-葡萄牙语以及后来现代葡萄牙语的变位形式cantarei（我将唱歌）。可以说，尽管通俗拉丁语的形式愈发复杂，但也更加系统、严谨，并最终发展成为清晰明了的口头语言。

值得注意的是，现代葡萄牙语中的定冠词也是由拉丁语演化而来。其原型来自古典拉丁语指示代词ille（这个）一词。在通俗拉丁语中，ille宾格的四种形式——illum、illam、illos和illas——逐渐演化为lo、la、los和las。随后，由于这些冠词经常出现在以元音结尾的词后，例如在vejo lo cavalo（我看到这匹马）和vende la casa（你/他/她售卖这座房子）两个表达中，而元音间的l逐渐脱落，因此最终形成了加利西亚-葡萄牙语中常见的定冠词形式o、a、os和as，并保留至现代葡萄牙语中。

三、词汇的形成

葡萄牙语中大约有90%的词来自拉丁语。古葡萄牙语时期，大量古典拉丁语单词传递到加利西亚-葡萄牙语中，并保留至今，例如pater > pai（父亲）、mater > mãe（母亲）、fīlĭus > filho（儿子）、manus > mão（手）、brāchĭum > braço（怀抱）、aqua> água（水）、pānis > pão（面包）、bonus > bom（好的）、fortis > forte（强壮的）、viricĭdis > verde（绿色）等词语。通俗拉丁语的流通则为一些相对复杂的古典拉丁语单词提供了更加通俗易懂的"替代品"，例如：caballus代替equus，即现代葡萄牙语中的cavalo（马）；cattus代替fēlēs，即现代葡萄牙语中的gato（猫）；casa代替domus，即现代葡萄牙语中的casa（家）；grandis代替magnus，即现代葡萄牙语中的grande（大的）。同时，相对复杂的古典拉丁语单词大部分得以保留，发展成为一些专业性更强的词语，例如现代葡萄牙语中的equitação（马术）、domínio（领域）、magno（伟大的）等。

除此之外，加利西亚-葡萄牙语词汇的丰富主要受伊比利亚半岛的原住民以及入侵者的影响。原住民凯尔特人和巴斯克人引入了barro（陶土）、manteiga（黄油）、veiga（沃土）、sapo（蟾蜍）和esquerdo（左边的）等日常用语，而大部分日耳曼语词源的葡萄牙语单词都属于某些特定的语义领域，如下表所示：

表2-4 现代葡萄牙语中日耳曼语词源的单词

词语类别	例　词
战争	guerra（战争）、guardar（警卫）、trégua（休战）
服装	fato（服饰）、ataviar（打扮）、luva（手套）
房屋设备	estaca（支柱）、espeto（铁叉）、íngreme（陡峭的）
动物	ganso（鹅）、marta（貂）
人名	Fernando（费尔南多）、Rodrigo（罗德里戈）、Álvaro（阿尔瓦罗）、Gonçalo（贡萨洛）、Afonso（阿丰索）
地名	Guitiriz（吉蒂里兹）、Gomesende（戈梅森德）、Gondomar（贡多马尔）、Sendim（森迪姆）、Guimarães（吉马良斯）

除了单纯地使词汇变得更为丰富之外，日耳曼语还为拉丁语体系引入了父名构词法，如在一些名字的词尾添加日耳曼语后缀，可表示"是某人的儿子"之意。而阿拉伯语对葡萄牙语词汇的影响更为深远，我们将在后面详细阐述。

02
加利西亚-葡萄牙语

前面，我们已经多次提及加利西亚-葡萄牙语。作为伊比利亚半岛西北部整个语言区域的母语，加利西亚-葡萄牙语并非只是简单的某个地区的语言。实际上，它是中世纪时期加利西亚和葡萄牙地区的共同语言，包括来自阿斯图里亚斯（Astúrias）、别尔索（Bierzo）、波尔特拉斯（Portelas）、阿尔坎塔拉山（Terras de Alcântara）、奥利文萨（Olivença）和巴兰科斯（Barrancos）的许多语言变体，断断续续地存在了几个世纪。

公元8世纪摩尔人占领伊比利亚半岛后，残存的西哥特贵族势力逃至半岛北部避难，并在那里逐渐形成了政治核心。公元9世纪，阿斯图里亚斯和莱昂王国逐步展开收复失地运动，先后攻占了杜罗河谷和蒙德古河流域。11世纪初，杜罗河附近形成葡萄牙领地，隶属于莱昂王国。这一阶段，早期的加利西亚-葡萄牙语已在半岛西北部的加利西亚大区（Galécia Magna）逐步形成，但还未进入书面流通阶段，主要以口头形式存在。

随着基督教势力南下，北部的大量人口也随之向南部迁移，来自北方的人口开始在葡萄牙的南端定居。如此一来，北方的加利西亚-葡萄牙语也同样随之传播至南部各地，逐步替代摩尔人统治时期流行的阿拉伯语和莫扎拉比语。就这样，加利西亚-葡萄牙语逐渐建立起庞大的群众基础，并开始零星地出现在书面文献中。在古葡萄牙语时代研究领域，文献学家将加利西亚-葡萄牙语文本分为两大类进行研究：非文学文本（textos não--literários）和文学作品（textos literários）。

一、非文学文本

在收复失地运动最初的几个世纪中，拉丁语的地位仍十分显赫。1096年，卡斯蒂利亚和莱昂国王阿丰索六世（D. Afonso VI）将葡萄牙领地授予勃艮第的恩里克伯爵（D. Henrique de Borgonha）。恩里克伯爵死后，其子阿丰索·恩里克斯在部分贵族的鼓励下，宣告葡萄牙领地自治。这一阶段，葡萄牙领地的官方文件以及阿丰索·恩里克斯自治王国的文件仍以拉丁语为撰写语言，不过其形式已得到简化，且其单词的语音结构与王国流通的罗曼语的发音非常接近。因此，即使是并不具备古典拉丁语水平的普通民众，依旧可以阅读当时颁布的官方文件。1214年，作为葡萄牙第三任国王，阿丰索二世（D. Afonso II）立下了历史上第一部几乎全部由加利西亚-葡萄牙语撰写而成的官方遗嘱——《阿丰索二世的遗嘱》。作为第一份具有明确日期的加利西亚-葡萄牙语王室文献，遗嘱的原件在数个世纪内被抄录了13份，其中两份被分别保存在里斯本（Lisboa）和托莱多（Toledo）。我们节选了这份遗嘱的开头片段，如下所示：

图2-1 《阿丰索二世的遗嘱》图像

En'o nome de Deus. Eu rei don Afonso pela gracia de Deus rei de Portugal, seendo sano e saluo, temẽte o dia de mia morte, a saude de mia alma e a proe de mia molier raina dona Orraca e de meus filios e de meus uassalos e de todo meu reino fiz mia mãda per que depos mia morte mia molier e meus filios e meu reino e meus uassalos e todas aquelas cousas que Deus mi deu en poder sten em paz e em folgãcia.

——《阿丰索二世的遗嘱》节选[6]313

Em nome de Deus. Eu rei Dom Afonso pela graça de Deus rei de Portugal, sendo saudável e seguro, temendo o dia da minha morte, para salvação da minha alma, e para proveito da minha mulher rainha Dona Urraca e dos meus filhos e dos meus vassalos e de todo o meu reino, fiz meu mandamento de que, depois da minha morte, minha mulher e meus filhos e meu reino e meus vassalos e todas aquelas coisas que Deus me deu em poder, estejam em paz e em tranquilidade.

——现代葡萄牙语转译

奉上帝之名。我阿方索，蒙神之恩，为葡萄牙之国王，身体健康，安全无虞，怀着对死亡之日的敬畏，为了救赎我的灵魂，以及我的妻子乌拉卡王后、我的子女、我的臣民及整个王国的利益，我命令：在我去世后，愿我的妻子、我的子女、我的王国、我的臣民，以及上帝赋予我支配权的一切，都能享有和平与安宁。

——中文译文

在上述段落中，阿丰索二世表达了自己作为国王，以上帝之名，对王国及相关亲属的关怀。通过对比原文与现代葡萄牙语译文，我们不难发现，当时王室所使用的加利西亚-葡萄牙语已相对成熟，并与现代葡萄牙语颇为相近。比如单词拼写大致相同，语法结构亦基本一致。但在这份遗嘱之后，王室似乎停止了这种语言的使用：阿丰索二世在此后另立了两份拉丁语遗嘱（1218年和1221年），其子桑乔二世（D. Sancho II）在位期间则未留下任何加利西亚-葡萄牙语文献。直到1255年阿丰索三世（D. Afonso III）继位后，加利西亚-葡萄牙语才重获宫廷的青睐。13世纪末，迪尼斯一世（D. Dinis I）统治时期，他下令将加利西亚-葡萄牙语作为王室成员和大臣撰写公文的官方语言，这一决定对于日后葡萄牙语的传播和改进起到了重大的推动作用。随着迪尼斯一世强制使用并大力推广加利西亚-葡萄牙语，书面文献中拉丁语的使用率愈发减少，而使用加利西亚-葡萄牙语撰写的官方和私人文献以及销售与买卖记录等非官方文献的数量随之成倍增加。

  在非官方文献中，文献学家发现了大量古老的加利西亚-葡萄牙语文献，例如1175年的《担保员记录》(*Notícia de Fiadores*)、《帕伊斯两兄弟合同》(*Pacto de Gomes Pais e Ramiro Pais*)。但在所有文献中，最为著名的当属《托尔托记录》(*Notícia de Torto*)，撰写时间约为1211年至1216年间。这份《托尔托记录》书写于一份形状不规则的羊皮纸上，其中记载了洛伦索·费尔南德斯先生被冒犯（torto）及受到的不公平对待，而该文献也因其正文第一句"D(e) noticia d(e) torto que..."而得名。文章节选如下：

De notícia de torto que fecerum a Laurencius Fernãdiz por plazo que Gõcauo Ramiriz antre suos filios e Lourenço Ferrnãdiz quale podedes saber e oue auer de erdade e d'auer tãto quome uno de suos filios d'aqunto podessem uer de bona de seus pater e fio-li-os seu pater e sua mater.

——《托尔托记录》节选[5]408

De notícia de torto que fizeram ao Lourenço Fernandes por prazo que fez Gonçalo Ramires entre seus filhos e Lourenço Fernandes, quais podeis saber: houve herança de haver, tanto como um dos seus filhos, de quanto pudessem haver de bens do seu pai, e fiou-lhos seu pai e sua mãe.

——现代葡萄牙语转译

有关于洛伦索·费尔南德斯因贡萨洛·拉米雷斯对他的子女以及自己的不公平对待,诸位可能已经了解:洛伦索·费尔南德斯与贡萨洛·拉米雷斯的子女们一样,都有权继承他们父亲的财产,由其父母赠予。

——中文译文

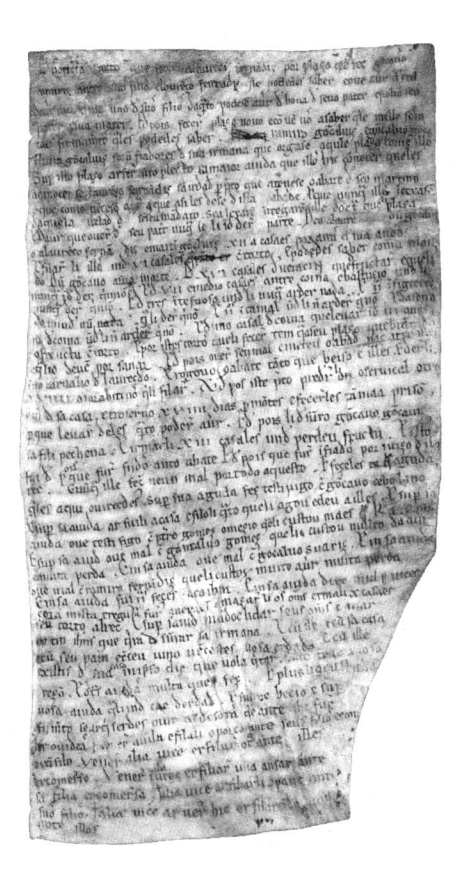

图2-2 《托尔托记录》羊皮卷图像

该节选记载了主人公洛伦索·费尔南德斯基于一份古老的协定，享有与贡萨洛·拉米雷斯（Gonçalo Ramires）的四个子女同样的继承贡萨洛部分财产的权利。该文献与《阿丰索二世的遗嘱》有很大的区别，因为从中可以看出，当时的语言文字之中不乏拉丁语痕迹，例如pater（现代葡语中的pai）、mater（现代葡语中的mãe）等拉丁语词，以及充满不定性的表达，如现代葡语中的seu/seus（第三人称物主代词）在节选中出现了suos、seuo、seu等三种形式。这些特点都告诉我们，在非官方书写条件下，当时的加利西亚-葡萄牙语仍未能遵循确定的语言标准。

因此，对比《阿丰索二世的遗嘱》和《托尔托记录》这两篇古葡萄牙语时代的经典文献，我们不难发现当时社会上存在的两种不同的语言习惯：《托尔托记录》等非官方文献展现了民众更具个性化的语言特点，书写员常使用拉丁语和罗曼语的混合体进行记载；而王室文献的记录环境则更为稳定，书写员对文字的选择体现出王室所使用的语言正在逐步建立统一的书写标准。

二、文学作品

随着非文学文本中加利西亚-葡萄牙语的大规模使用，这一语言也渗透进文学创作中，常见体裁包括抒情散文、骑士小说以及神学作品等。这一阶段，葡萄牙兴起了一项文学运动：游吟诗歌主义。游吟诗歌又称行吟诗歌，主要由伊比利亚半岛的游吟诗人和民歌作家创作而成。除加利西亚人和葡萄牙人外，也有许多游吟诗人来自莱昂和卡斯蒂利亚。在当时，加利西亚-葡萄牙语以对浪漫情感和抽象概念的出色刻画而闻名，不但在加利西亚和葡萄牙王国成为游吟诗歌的专用语言，也一度成为莱昂和卡斯蒂利亚等邻近王国的专用文化语言。有些卡斯蒂利亚诗人甚至认为在吟诗作歌方面，加利西亚-葡萄牙语优于自己的母语卡斯蒂利亚语。

12世纪末至14世纪上半叶，半岛涌现出大量游吟诗，基本保存于三部诗歌集中，分别为《阿茹达诗歌集》(*Cancioneiro da Ajuda*)、《梵蒂冈诗歌集》(*Cancioneiro da Vaticana*)和《国家图书馆诗歌集》(*Cancioneiro da Biblioteca Nacional*)。其中，受法国南部奥克语抒情诗（lírica occitana）影响的《阿茹达诗歌集》汇编于13世纪末或14世纪初，包含310首爱情诗歌，因保存于阿茹达国家宫殿（Palácio Nacional da Ajuda）图书馆而得名，是三本诗歌集中体量最小的诗歌集；其余两本诗歌集均抄录于15世纪末至16世纪初的意大利，各包含千余首风格迥异的诗歌。其中，《梵蒂冈诗歌集》因收录于梵蒂冈图书馆（Biblioteca do Vanticano）而得名，而《国家图书馆诗歌集》则于20世纪初由葡萄牙政府收购，保存于里斯本国家图书馆（Biblioteca Nacional de Lisboa），并因此而得名。

从主题上看，游吟诗歌大致可分为三大类：

1）爱情之歌（cantigas de amor）。拥有一定的贵族色彩，受普罗旺斯抒情诗（lírica provençal）影响，文体相对正式。诗歌常从恋爱中的男性视角出发，将爱情艺术化，常刻画一位多愁善感的男性追求不可企及的理想女性的"宫廷爱情"。

2）友谊之歌（cantigas de amigo）。与爱情之歌类似，但更为世俗化，常以恋爱中的女性口吻书写。受摩尔人时期的"moaxás"诗歌影响，因作品中常出现amigo一词（原义为"朋友"，在诗歌中表示求婚者、情人或配偶）而得名。尽管叙事人是女子，但实际作者通常是男子。

3）讽刺与恶言之歌（cantigas de escarnho e de mal dizer）。这一类

型的诗歌内容和语言都较为粗俗。通常嘲讽和诅咒的主题十分广泛，涉及生活日常或政治行为，有时也是各利益群体和党派间的战斗武器。1196年，若昂·苏亚雷斯（João Soares）以纳瓦拉国王与邻国间的战争为主题，创作了最古老的讽刺游吟诗《如今纳瓦拉领主如此行事》（*Ora Faz Ost'o Senhor de Navarra*）。

在游吟诗歌盛行时期，国内出身极为高贵的人也以吟诗作对为荣，例如国王迪尼斯就享有诗人的美誉，据传有一百多首作品。被称为"智者"（o Sábio）的卡斯蒂利亚与莱昂国王阿丰索十世（D. Afonso X）也基于加利西亚和葡萄牙北部的复杂语言创作了著名的《圣玛丽亚之歌》（*Cantigas de Santa Maria*）。因此可以认为，加利西亚-葡萄牙语抒情诗在中世纪的欧洲是仅次于奥克语抒情诗的重要文体。

古葡萄牙语时代末期还出现了第一批以加利西亚-葡萄牙语撰写的文学散文作品，其中值得一提的是巴塞洛斯伯爵（Conde de Barcelos）佩德罗（D. Pedro）的《行书》（*Livro de Linhagens*）以及由智者阿丰索十世下令撰写的、基于《西班牙第一总纪事》（*Primera Crónica General de España*）创作的葡萄牙版本《1344年西班牙总纪事》（*Crónica Geral de Espanha de 1344*）。

03 ▶▷
古葡萄牙语的特点

在深入研究古葡萄牙语时代的各类文献后,学者们对加利西亚-葡萄牙语有了较为全面的认识,并逐渐概括出这一时代的语言特征。阿丰索·恩里克斯是怎么说话的?将13世纪和14世纪的古葡萄牙语与21世纪的现代葡萄牙语区分开来的主要语言特征又是什么?本节将主要从语音、词法和句法、词汇形成三方面对古葡萄牙语的特点进行简要介绍。

一、语音的演变

如前文所述,拉丁语向加利西亚-葡萄牙语演变的过程中出现了大量元音间辅音脱落的现象。辅音脱落后,辅音两侧留下的元音相遇,便形成了大量包含两元音连续(hiato)的单词,其中两个元音分别代表独立的两个音节,这也是加利西亚-葡萄牙语最显著的语音特点之一。然而,这一现象并未完全保留至现代葡萄牙语中,其原因主要在于,人们在实际应用中发现,如果连续的两个元音本身是相同的元音,那么在实际发音时常难以分辨。因此,随着时间的推移,语言开始出现"元音缩合"(crase)现象,即两个相同元音缩合为一个单元音的情况；倘若两个元音本身不同，人们则倾向于将新的辅音或半元音插入两元音间，又称"介入"（interposição）现象，使得前后两元音在发音上的差异更大，并形成两个独立的音节。除此之外，当第二个元音是e时，这个e常会弱化为半元音[j]，依附于前一个元音之后，形成"合音"（sinérese）现象。具体的三种变化及例词如下表所示：

表2-5 古葡萄牙语时期两元音连续的出现及后续的变化

语音现象	单词演变							
	古典拉丁语词源	加利西亚-葡萄牙语	现代葡萄牙语	中文释义	古典拉丁语词源	加利西亚-葡萄牙语	现代葡萄牙语	中文释义
元音缩合	pěde-	pee	pé	脚	sōlu-	soo	só	仅仅
	pǎlātiu-	paaço	paço	王宫	lāna	lãa	lã	羊毛
介入	vīnu-	vĩo	vinho	葡萄酒	plenu-	chẽo	cheio	满的
	rēgīna	raĩa	rainha	女王	cēna	cea	ceia	夜宵
合音	sōle-	soes	sóis	日光	căne-	cã/es	cães	狗
	facĭle-	facees	fáceis	简单的	leōne-	leõ/es	leões	狮子

在上表中我们还注意到，当古典拉丁语词源元音间脱落的辅音是n时，n前常出现元音的"鼻音化"（nasalização）现象，如vīnu-> vĩo、căne- > cã/es。但这种情况下产生的鼻音并不稳定：相对而言，强元音鼻音化时更为稳定，并在合音变化中得以保留，例如cã/es > cães；而弱元音则更容易发生"去鼻音化"（desnasalização）现象，并被其他辅音组合介入，例如vĩo > vinho。除强元音的鼻音化以外，古葡萄牙语时期还出现大量元音与辅音m或n构成的鼻音音节，例如pinto（小鸡）、sente（他/她感受）、fim（结尾）、pan（面包）、campo（田园）等。起初，当鼻音音节位于单词末尾时，常书写为-n；后期，词尾的n逐渐被m替换，例如quen > quem（谁）、cantan > cantam（他们歌唱）等，并延续至今。

另外，合音现象解释了现代葡萄牙语中以-l和-ão结尾的单词的不规则复数变化规律。例如，上表中fáceis一词便是fácil的复数。合音现象使得古典拉丁语词源facĭle-中的辅音l脱落后变为facees，-ee-的后半部分弱化为-ei-，并形成词尾-eis，即现代葡萄牙语中以-l结尾的单词的复数词尾-eis。同样，以-ão结尾的单词的三种复数词尾也可以追溯至古葡萄牙语时期名词词尾的演变。在鼻音化的影响下，来自拉丁语的名词词尾-ane、-one、-anu已经分别演变为-ã(e)、-õ(e)和-ão。单数时词尾的e会脱落，最终形成统一的-ão形式；而在复数中词尾e则被保留下来，分别形成与现代葡萄牙语一致的-ães、-ões和-ãos三种复数词尾。具体例词见下表：

表2-6 现代葡萄牙语中词尾-ão的复数变化来源

现代葡萄牙语词尾来源		古典拉丁语词源	古葡萄牙语 单数	古葡萄牙语 复数	现代葡萄牙语 单数	现代葡萄牙语 复数	中文释义
-ão	<-ã	<-ane	pāne	pã	pães	pão	pães	面包
	<-õ	<-one	coratiōne	coraçõ	corações	coração	corações	心脏
	<-ão	<-anu	mǎnu-	mão	mãos	mão	mãos	手

除元音系统外，古葡萄牙语时代已基本形成与现代葡萄牙语相似的辅音系统。不过，因腭音化现象产生的许多辅音仍与现代葡萄牙语有显著差异。在现代葡萄牙语中，当辅音c为擦音时，其发音与词首的辅音s一致，均为[s]；辅音z与元音间的辅音s发音一致，均为[z]；辅音ch和g分别与辅音x和j发音相同，分别为[ʃ]和[ʒ]。然而，在古葡萄牙语中，辅音c、z、ch和g的发音与现代略有不同，分别为[ts]、[dz]、[tʃ]和[dʒ]，具体例词如下表所示：

表2-7 古葡萄牙语的部分辅音发音及例词

发音	书写	例词	发音	书写	例词
[ts]	c	cervo（鹿）	[s]	s	servo（奴隶）
[dz]	z	cozer（烹饪）	[z]	s	coser（缝纫）
[tʃ]	ch	chamar（呼叫）	[ʃ]	x	paixão（热情）
[dʒ]	g	gente（人）	[ʒ]	j	beijo（亲吻）

从上表中我们不难发现，当时并不存在现代葡萄牙语中常见的"同音异形词"现象，即同一个发音对应两种或两种以上的书写方式。例如现代葡萄牙语中 cozer 和 coser 便是发音相同但写法不同的两个单词，词中辅音 z 和 s 均读作 [z]，而在古葡萄牙语中这两个单词的发音却并不一致。古葡萄牙语这种发音和书写一一对应的规律便于人们在听到不同的发音时能够更好地确认书写字母，避免产生混乱，例如当听到 [z] 时，现代人可能会在字母 s 和 z 中纠结，但当时的记录员则可以准确地选择字母 s 进行书写。这也是为什么有些学者认为，尽管古葡萄牙语时期还未完全建立起一套在全国范围内行之有效的书写标准，但其拼写方式却可能比几个世纪后的语言更加规范和"拼音化"。

二、词法和句法的演变

古葡萄牙语中，一些名词的阴阳性与如今不同。现代葡萄牙语中的阳性词 valor（价值）、fim（结尾）等与阴性词 linguagem（语言）、linhagem（族系）等都与当时的阴阳性相反；古葡萄牙语中的 senhor（先生）、português（葡萄牙的）等词在表示阴性时单词无需变化，只需在单词前添加阴性冠词，如 a senhor。在著名游吟诗《加尔瓦亚之歌》(*Cantiga da Garvaia*)中，便有一句写作 "mia senhor branca e vermelha"（我那肤若凝脂、面若桃花的女士）[9]，其中的 senhor 在现代葡萄牙语中便应写作阴性形式 senhora。

古葡萄牙语在物主代词体系方面也与现代葡萄牙语有所不同。除具有阴阳性两种形式外，古葡萄牙语中阴性物主代词还分为重读和非重读两种形式：

表2-8　古葡萄牙语的物主代词体系

阳　性	阴　性	
	重　读	非重读
meu（我的）	mia, minha	mia, mha, ma
teu（你的）	tua	ta
seu（他的）	sua	sa

非重读形式常置于名词前，而重读形式则更为灵活，两者均具有形容词的含义，可以在不同的语境中互换。如 sa ordem 与 ordem sua（orden：顺序）在古葡萄牙语中都成立，并且含义基本相同。但从13世纪开始，位置更为自由的重读形式更受大众欢迎，使用频率大幅增加，并在14世纪逐渐取代非重读形式。不过，我们仍可以在15世纪的文献中找到一些非重读形式的物主代词。

古葡萄牙语的指示代词与现代葡萄牙语基本一致，均分为"离说话者较近"的 este（这），"离听话者较近"的 esse（那）和"离两者都远"的 aquel/aquele（那）三元系统。aqueste 为古葡萄牙语中 este 的强调形式，在现代葡萄牙语中已经消失。地点副词则只分为两种距离的对比，即 aqui/acá/acó（这里）和 ali/alá/aló（那里）。相对而言，acó 和 aló 这一对组合使用较少。

表2-9　古葡萄牙语指示代词和地点副词示例

	离说话者近	离听话者近	离两者都远
指示代词	este	esse	
	aqueste		aquel(e)

续　表

	离说话者近	离听话者近	离两者都远
地点副词		aqui	ali
		acá	alá
		acó	aló

在古葡萄牙语中，非重读宾格人称代词既可以出现在动词之前，即"前置"（proclise）；也可以出现在动词之后，即"后置"（ênclise）。例如"（他）给我一本书"有两种表述形式："Deu-me um livro."或"Me deu um livro."。相对而言，代词置于动词后比置于动词前更为常见，前置时通常表示强调。13世纪至16世纪期间，非重读宾格人称代词前置的情况愈发频繁，逐渐成为一种自然语序而非强调句。因此，当15世纪末和16世纪初葡萄牙"航海大发现"的号角吹向南美洲的巴西时，葡萄牙传教士们也将这种代词前置的习惯引入这片新土地。但16世纪上半叶后，葡萄牙国内又掀起了代词后置的浪潮并一直延续至今，不过这种改变却没有及时传递至遥远的巴西，这也是为什么如今巴西葡萄牙语中习惯将代词前置，而欧洲葡萄牙语则通常保留后置。

另外，古葡萄牙语动词的式和时态系统已与现代葡萄牙语基本一致，但仍有一些古葡萄牙语独有的特点，主要包括：

1）古葡萄牙语中已形成有人称不定式变位。例如动词ter（有）在古葡萄牙语中根据不同人称所对应的有人称不定式变位分别为teer（第一人称单数）、teeres（第二人称单数）、teer（第三人称单数）、teermos（第一人称复数）、teerdes（第二人称复数）、teeren（第三人称复数），这种形式在最古老的文本中已经得到证实，是古葡萄牙语的一个显著特征。例如在阿丰索十世撰写的讽刺诗中有一句"Guardade-vos de seerdes escatimoso ponteiro."（提防自己变成吝啬的计较者）[10]66，其中就出现了ser（是）的有人称不定式的变位形式seerdes。

2）一些动词的第一人称陈述式现在时变位与现代葡萄牙语不同。例如动词pedir（请求）、sentir（感受）、ouvir（聆听）的第一人称陈述式现在时的变位在当时分别为petio、sentio和audio，而在后期逐渐演变为peço、senço、ouço。其中，有些动词变位趋向现代化、规范化（如senço > sinto），而剩下的则保持其原有的变化规律，沿用至今。

3）第二人称复数变位中常以-des结尾。我们在amades < amar（爱）、vendedes < vender（卖）、seeredes < seer（是）等词中均可看到这样的词尾。但最终，不仅这个词尾在现代葡萄牙语中消失，第二人称复数也基本被弃用。

4）ser、haver和ter都可以作为助动词交替出现。例如，"Lopo Soares era chegada."（洛波·苏亚雷斯已经到了），"os serviços que avian feitos"（已完成的服务），"aquelas cousas que tem aparelhadas"（那些已经装好的东西）等。另外，haver和ter都能表示"拥有"，但前者表示"拥有不可剥夺的品质"，而后者则意味着"暂时拥有"。因此，我们可以说ter um livro（拥有一本书），但在表示"姓甚名谁"时需要用haver nome。后期，动词ter逐渐囊括haver的词义，而后者更多以助动词的作用出现在句中。

5）以-er结尾的动词的过去分词词尾为-udo。例如，perdudo < perder（失去）、sabudo < saber（知道）、vençudo < vencer（战胜）等词均有这一特点，但此类动词具有不稳定性，其词尾容易被-ir替换。比如原来写作caer、 finger、traer 的第二变位动词最终变成了 cair（摔倒）、fingir（假装）、trair（背叛）等第三变位动词，其过去分词也同样从 -udo 变为 -ido。后来，所有第二变位动词都形成了 -ido 这一与现代葡萄牙语形式一致的过去分词词尾。

6）在称呼方面，还未出现使用第三人称单数 você 或复数 vocês 指代第二人称的情况。古葡萄牙语中对"你/你们"的称呼只有两种方式，即亲近度较高的 tu 和表示尊敬的 vós。

三、词汇的形成

由于葡萄牙的游吟诗歌深受普罗旺斯抒情诗的影响，因此古葡萄牙语时期的语言也在很大程度上受到法语的直接影响，词汇方面也借用了法语的大量单词，具体例词将在后面的章节进行阐述。

除此之外，大量来自古典拉丁语的学术性词语不断延续至古葡萄牙语时期，例如 mundo（世界）、clérigo（牧师）、escola（学校）等。另外，出现了一些以 -ico 结尾的形容词，例如在一份 1303 年的文献中发现了 plobico 一词，即现代葡萄牙语中的 público（公共的）。在罗德里格斯·拉帕（Rodrigues Lapa）于 1965 年汇编的《中世纪加利西亚－葡萄牙语诗歌集：讽刺与恶言之歌》（*Cantigas d'Escarnho e Mal Dizer dos Cancioneiros Medievais Galego-Portugueses*）中，出现了大量古典拉丁语学术性单词，例如 allegoria（科学或艺术）、animalha（缺乏理智的动物）、arcebispo（大主教）、arcediano > arcediago（副主教）、bautiçar > baptizar（洗礼）、beneficio > benefício（益处）、calendairo > calendário（日历）、câncer（癌症）、ciença > ciencia（科学）、confessar（坦白）、eiceiçon（例外）、estrolomia > astronomia（天文学）、fisico > médico（医生）、natura（自然）、oficio（工艺）等[10]。

第三讲
中世纪葡萄牙语

随着1383—1385年革命的爆发,阿维斯家族上台,市民阶级在社会上有了一席之地。此时的人文主义思潮初现萌芽,编年史和宫廷诗等文学形式进一步奠定了中世纪葡萄牙语的地位,古葡萄牙语退出历史舞台。同时,因葡萄牙进入航海大发现时代,其语言文化也愈发成熟、完善,并被传播到了海外。

01
1383—1385年革命与葡萄牙语

从13世纪初次成为书面语,再到15世纪开始成为文学用语,这一阶段的葡萄牙语已经历了几个世纪的成熟期。那么,从古葡萄牙语进入中世纪葡萄牙语的标志是什么?又有何种因素在催生着语言的诸多变化?当我们把目光投向14世纪末至16世纪的葡萄牙,我们会看到葡萄牙社会经历的一场场风云巨变,其中,政治变革、文学运动和海权争霸轮番上演。本节将主要介绍葡萄牙语进入中世纪阶段的第一扇门——1383—1385年革命,以及由这场革命引发的社会文化变革,即人文主义思潮的出现。

一、阿尔茹巴罗塔战役

谈及1385年革命,就不得不提到这场革命的终极一战:阿尔茹巴罗塔战役,以及这场革命的代表人物——凭一己之力终结了勃艮第旧王朝(Dinastia de Borgonha)并建立起阿维斯新王朝的若昂一世(D. João I)。

若昂一世,又称"若昂大帝",可谓是葡萄牙历史上最伟大的国王之一,其成长经历不乏一代枭雄的传奇色彩。若昂的父亲是葡萄牙国王佩德罗一世（D. Pedro I），但若昂是非婚生子，并没有正统的王室血统。尽管如此，他仍深得父亲喜爱，6岁就被封为阿维斯骑士团统领，接受系统性的宗教和军事教育。碍于私生子的身份，佩德罗一世驾崩后，若昂并没有王位继承权，只能由佩德罗一世唯一的合法继承人、若昂同父异母的兄弟费尔南多一世继承王位。费尔南多一生中都未留下男性继承人，因此在他去世后，继承权便留给了费尔南多唯一的女儿比阿特丽斯，并由费尔南多的王后莱昂诺尔摄政。然而，比阿特丽斯当时已与卡斯蒂利亚国王联姻，倘若由她执政，无异于将葡萄牙拱手相让予别国。因此，对莱昂诺尔摄政和卡斯蒂利亚统治大为不满的葡萄牙贵族、市民阶级和平民发动了1383年起义。趁此时机，若昂以维护国家主权之名，成为起义的领导人物。

1385年，经议会推举，若昂顺应民意而成为葡萄牙国王，史称若昂一世。不过，在成为真正的国王前，若昂还必须应付卡斯蒂利亚的大军压境。为确保万无一失，若昂向英国国王请求援助和结盟，后者则言而有信，派出了一支精锐部队协助若昂所在的阿维斯骑士团抵抗外敌。同年，若昂的军队在将军努诺·阿尔瓦雷斯（Nuno Álvares）的带领下，与英国盟军联手，在阿尔茹巴罗塔一役中以少胜多，大胜卡斯蒂利亚军队。尽管葡萄牙与卡斯蒂利亚在1411年才正式签订和平条约，但这场战役已然成功捍卫了葡萄牙的独立，显示出葡萄牙坚定的民族精神与不愿被并入卡斯蒂利亚的决心。

在建立起阿维斯王朝后，若昂一世也不忘回报英国的恩情。他在1386年与英国签订《温莎条约》（*Tratado de Windsor*），确立英葡同盟；帮助英国进攻卡斯蒂利亚；迎娶英国兰开斯特公爵的女儿菲莉帕（D. Filipa de Lancastre），而后者也因此成为之后数代葡萄牙国王的先祖之一。值得注意的是,《温莎条约》是世界上签订时间最早但至今仍有效的国家同盟协定,而温斯顿·丘吉尔也将英葡之间这份古老而独特的友谊描述为"世界历史上独一无二的联盟"。

阿维斯家族统治葡萄牙期间十分重视王室成员文学素养的培养和社会文化的发展,并对骑士与贵族爱情小说、历史和宗教文学的阅读和翻译表现出极大的兴趣。若昂一世在位期间大力推动《新约》(*Novo Testamento*)的葡萄牙语翻译,并亲自撰写了《狩猎之书》(*Livro da Montaria*)、《时祷书》(*Livro de Horas*)和数篇《赞美诗》(*Salmos*)等;若昂之子、国王杜阿尔特一世(D. Duarte I)撰写了《忠臣以及托达塞拉的优秀骑术教材》(*Leal Conselheiro, e Livro da Ensinança de Bem Cavalgar Toda Sella*)。除国王之外,王室的其他成员也对文学展现出极大的热情。佩德罗王子(D. Infante Pedro)热爱翻译和诗歌,先后翻译了古罗马哲人塞内加和西塞罗的拉丁语作品。可以说,这些文学创作在很大程度上推动了葡萄牙语的发展和成熟。

二、人文主义思潮

1434年,杜阿尔特一世国王任命费尔南·洛佩斯(Fernão Lopes)为葡萄牙历史上第一位首席王室编年史学家(cronista-mor)。在此之前,洛佩斯负责葡萄牙王室档案的整理工作,1418年被委任为通博塔档案馆(Torre do Tombo)[1]的管理员。丰富的档案整理经验和出色的文字水平使得

---

1 通博塔档案馆,如今的全称为通博塔国家档案馆(Arquivo Nacional da Torre do Tombo),始建于勃艮第王朝的末代国王费尔南多一世统治时期(1387年),是葡萄牙保留至今最古老的文化机构之一。

洛佩斯在新职位上得心应手。他通过使用简洁的语言和对话式的文体，成功地将历史叙述和文学创作结合起来，并使用中世纪葡萄牙语创作了许多著名的编年史作品，主要包括1434年的《国王佩德罗一世本纪》(*Crónica de El-Rei D. Pedro I*)、1436年的《国王费尔南多本纪》(*Crónica de El-Rei D. Fernando*)和1443年的《国王若昂一世本纪》(*Crónica de El-Rei D. João I*)，为现代历史学家提供了丰富、重要的文献参考。正因如此，洛佩斯被称作"葡萄牙历史学之父"，是中世纪文学的主要人物之一。以下片段便是其代表作之一的《国王若昂一世本纪》原文节选及其大意：

[...] segundo sentença d'algnns, que o pregoeiro da vida é a fama, recebendo refeição, para o corpo, o sangue, e espiritos gerados de tantas viandas teem uma tal similhança entre os que causa esta conformidade.	就像一些人曾说过的那样，名望被视为"生命的传达者"，接受餐食这件事，对于从如此多的口粮中诞生出的每个肉体，以及其血液和灵魂来说都是相似的，这也导致了人们与土地之间形成了一种深刻关联。

使用中世纪葡萄牙语撰写的《国王若昂一世本纪》原文节选及其大意[11]

洛佩斯担任编年史学家一职也被许多历史学家视为葡萄牙进入人文主义（Humanismo）阶段的里程碑。人文主义是介于游吟诗主义和古典主义之间的一种过渡性文学运动，标志着欧洲中世纪的结束和近现代的开始。可以说，洛佩斯通过使用中世纪葡萄牙语撰写有关葡萄牙国王的历史故事，扩大了葡萄牙历史学的概念。他着重对君主的价值刻画，创造出重大的艺术和历史价值，引领了戈麦斯·埃亚内斯·德祖拉拉（Gomes Eanes de Zurara）、鲁伊·德皮纳（Rui de Pina）和加西亚·德雷森德（Garcia de Resende）等一众编年史学家。而在洛佩斯之前，葡萄牙的历史学仅限于对中世纪贵族的家谱或世系书等非文学类作品的研究。

15世纪前，葡萄牙使用的书籍内所有文字和图片均由手写、手绘而成，而这种巨大的人力成本一般都由教会承担。中世纪的阿尔科巴萨修道院和科英布拉的圣克鲁什修道院是当时葡萄牙王国最大的两座图书馆，馆藏百余本。而即便是国王杜阿尔特一世，其私人图书馆也仅存有80多册葡萄牙语手抄本。因此，当时书籍和知识均是教会的财产，修道院代表了国家的文化中心，宣扬的思想也以"上帝中心论"（Teocentrismo）为主，即"视上帝为世界的中心"，成为教会用以控制人们的工具。随着15世纪末印刷术被引入葡萄牙，书籍不再是奢侈品，而是成为民众可以日常接触到的学习材料。宫廷逐渐代替教会成为葡萄牙文化生活的中心。在14世纪以前，大部分教育机构都是主教座堂学校（escola catedral），并直接受教会管辖，其主要职能是培养神职人员。15世纪中叶后，葡萄牙开始出现教会式学校（escola capitular）和宫廷学校（escola palaciana）。在若昂一世和杜阿尔特时期，宫廷学校已经成为宫内年轻人的主要学习场所，还配有图书馆和专门的老师。甚至大学也开始听命于国王：科英布拉大学最初于1290年在里斯本建立，后几经易址，最终在1537年受国王若昂三世（D. João III）之命迁到科英布拉，成为葡萄牙最古老的大学，也是欧洲历史最为悠久的大学之一。正因如此，科英布拉－里斯本区域才有可能在日后成为葡萄牙的语言中心。

不再作为唯一文化中心的天主教会实力不断衰退，知识不再掌握在少数宗教群体手中，而是成为大众学习和自我提升的途径。上至王室贵族，下至富有的市民阶级，他们的家中都雇有家庭教师。上帝中心论的虔诚信徒只剩下一小群人，取而代之的是以人为本的"人类中心论"（Antropocentrismo），其主要特点是强调人性智慧，并批评神性的万能，允许知识的分散化。同时，文学也逐步从单一的领域中解放出来，不再限定于宗教与神学范围，而是延伸到各个领域。无论是大众戏剧、宫廷诗歌，抑或是历史编年史，在人文主义时期都得到了前所未有的发展。

三、宫廷诗的发展

蓬勃发展的海外贸易给王国带来了大量财富，而经济的发展也使得人们有更多的时间陶冶情操。因此，15世纪下半叶，受人文主义思潮的影响，散文的发展和诗意的遐想开始在葡萄牙悄然兴起。散文体裁意味着书面语言的进化：比喻、对比、隐喻等修辞手法已是葡萄牙散文文学的常态，每个散文作家都拥有自己的文学风格。虽然此时的葡萄牙语文本已越来越接近现代葡萄牙语，但是仍然存在句子冗长、从句繁复、时态复杂的特点。与此同时，与散文并行的诗歌活动也重新出现在宫廷中。在那些纸迷金醉的晚宴上，歌声、朗诵、竞赛、赌博和模仿秀层出不穷。杯盏觥筹间，应邀赴宴的作家们不觉灵感迸发，创作出以国王和富有的贵族们为刻画对象的一种新型文学体裁——宫廷诗（poesia palaciana）。

与早期的游吟诗不同，宫廷诗使得诗歌得以脱离歌唱形式和器乐伴奏而独立存在，通过语言本身的声调和格律体现韵律感，表现力十分丰富。在当时，大部分宫廷诗由葡萄牙语撰写而成，少数用卡斯蒂利亚语书写。

曼努埃尔一世（D. Manuel I）时期，宫廷诗人与编年史学家加西亚·德雷森德遵循早期卡斯蒂利亚诗歌汇编的模式，收集了千余首15世纪至16世纪葡萄牙王室的宫廷诗作品，汇编成一本《诗歌总集》(Cancioneiro Geral)。其中包括德米兰达、伯纳丁·里贝罗（Bernardim Ribeiro）等近300位著名作家的作品，并于1516年出版，是葡萄牙首部经过印刷的诗歌集，成为当时葡萄牙诗歌的主要资料库。

《诗歌总集》多以富有感情的抒情诗为代表，也有对史诗和挽歌等体裁的尝试。诗歌主题十分多样，其内容以宫廷爱情、凡人祈求、宗教故事和游吟诗中常见的世俗故事为主。此外，相比传统的游吟诗而言，《诗歌总集》中的抒情诗在对情感分析和爱情矛盾的刻画方面更为细腻，内容也更为自由和开放。

总体而言，1383—1385年革命对葡萄牙王国产生了重要的社会和文化影响。可以说，阿维斯王室的诞生意味着葡萄牙人民民族意识和身份的觉醒。葡萄牙人民开始意识到，葡萄牙民族在保卫领土、历史、信仰和语言上拥有独立的价值观，并最终彻底与相邻的卡斯蒂利亚划清界限。与此同时，阿尔茹巴罗塔战役更可谓是一场新兴市民阶级的巨大胜利。在那个被饥荒、瘟疫和战争消耗殆尽的大萧条背景下，获得王位后的若昂一世大力发展城市经济，并为市民阶级的繁荣创造了条件，这场战役不仅结束了由王朝危机导致的不利经济形势，也解决了城市市民阶级增长所造成的漫长的混乱与纷争。当基本需求得到满足后，语言和文化随之发展起来，人文主义也渐渐枝繁叶茂。不过，和平和边界限制了半岛范围内的领土扩张，经济的不断发展使得国王们也不再满足于本国狭小的领土。于是，王国开始走上15世纪和16世纪的发现和征服之路。

02 ▶▷
航海大发现与葡萄牙语

在1385年科英布拉议会的掌声与欢呼下,若昂成为新时代的国王,市民阶级革命取得了胜利。王位得到巩固的若昂一世不仅要在政治上有所建

图3-1 位于里斯本贝伦地区的航海大发现纪念碑

树，更是急需新的商业线路来积累财富。作为地处伊比利亚半岛西南一隅的小国，邻国的强大使得葡萄牙并没有多少向内陆发展的实力和空间，转身挺进大洋才是它增强国力的唯一出路。于是，王室和市民阶级便将目光投向了辽阔的大西洋。也正是若昂一世在位期间，葡萄牙确立了海上发展的国策，于1415年至1543年间进行了一系列航海探索与征服活动，迎来了航海大发现时代（Era dos Descobrimentos）。

一、海权帝国的建立

13世纪末期，迪尼斯一世意识到海上对外贸易是一块诱人的蛋糕。于是，大量葡萄牙产品通过海上航线出口至欧洲各国：来自阿尔加维的葡萄酒和干果销往佛兰德斯和英国，里斯本、塞图巴尔和阿威罗地区生产的盐、皮革和燃料则是向北欧出口的抢手货品。与此同时，葡萄牙海军迅速发展壮大，葡萄牙也向邻国学习了不少航海与贸易经验。

14世纪初期，大西洋上的几座"明珠"吸引了葡萄牙人的注意。1325年至1357年间，勃艮第王朝的国王阿丰索四世（D. Afonso IV）拨出部分公共资金组建商业舰队进行海上探险，并于1336年首次到达加那利群岛（Ilhas Canárias）[1]。但正式启动系统性的国家航海项目，还要等到阿维斯王朝的建立之后。

若昂一世和其子恩里克王子（Infante D. Henrique）可谓是大航海时代的先驱。在若昂一世的支持和鼓励下，人称"航海家"（o Navegador）的恩里克王子从欧洲各国（主要是意大利）网罗了大批航海人才，创办航

---

[1] 加那利群岛，位于非洲西北海域的岛屿群，如今是西班牙的属地。

海学校，还为葡萄牙培养了大批娴熟英勇的水手。1415年，出于传教目的以及对北非小麦、黄金和奴隶的渴望，若昂一世和恩里克王子亲自率领一支庞大的军队，攻占了非洲西北部的重要战略城市休达（Ceuta）[1]，建立起东西方贸易的中转站。从这时起，葡萄牙海上帝国的时代正式拉开帷幕。

随着1418年葡萄牙探险家登陆圣港岛（Porto Santo）[2]，葡萄牙正式将探索大西洋提上议程。1420年至1452年间，由王室成员率领的葡萄牙舰队相继到达拥有强大经济和战略潜力的马德拉群岛（Madeira）和亚速尔群岛（Açores），并将之并入自己的领土，这两处群岛也成为日后葡萄牙在大西洋航行的重要补给基地。至此，葡萄牙的海上扩张政策初见成效。

1433年若昂一世去世之时，葡萄牙的航海事业正处于欣欣向荣的时期。阿丰索五世（D. Afonso V）统治期间，葡萄牙航海家的足迹已经到达非洲更南端的海岸。1456年，迪奥戈·戈麦斯（Diogo Gomes）到达非洲西端的佛得角（Cabo Verde），随后便迅速在这座未经开垦的岛屿上开展了殖民活动。葡萄牙人也先后到达几内亚湾（Golfo de Guiné）的北部海岸与圣多美和普林西比岛（São Tomé e Príncipe），并对之进行殖民统治。此时，奴隶贸易已是葡萄牙与某些非洲部落酋长和阿拉伯商人心照不宣的秘密。在棉花种植、黄金开采等商业利益的驱动下，数百万黑人沦为殖民地区的奴隶，这一现象一直持续到19世纪。

1474年，阿丰索五世将探索非洲的任务交给自己的儿子、年仅19岁的若昂二世（D. João II）。年轻的若昂二世没有辜负父亲的期望：除了非

---

1 休达，位于北非地中海海岸的飞地，如今是北非的西班牙属地。
2 圣港岛，又译作圣波尔图岛，是北大西洋马德拉群岛的主岛之一。

洲航线之外，若昂二世还有意向东方扩张。1487年，为缩减与亚洲的贸易成本并垄断香料市场，若昂二世派遣船队寻找通往印度洋的相关航行信息，并制定了前往印度的规划和路线。1488年，巴尔托洛梅乌·迪亚士（Bartolomeu Dias）奉国王之命率领一支探险队抵达好望角（Cabo da Boa Esperança），成为历史上第一位到达非洲最南端的欧洲探险家，成功建立了大西洋和印度洋之间的航海联系。

然而，若昂二世开拓亚洲航线的努力并没有得到上层社会的认可。早在1477年的新蒙特莫尔议会（Cortes de Montemor-o-Novo）中，上层贵族便声称现有的非洲贸易应付葡萄牙的经济开支已是绰绰有余，并以开发新航线和维护海外领土涉及巨额开销为由反对若昂二世苦心准备的航行。面对重重阻碍，若昂二世前往印度的决心却有增无减。1494年，若昂二世的继任者曼努埃尔一世（D. Manuel I）按照父亲生前的命令，任命瓦斯科·达伽马（Vasco da Gama）率领舰队继续实施被搁置的远征印度计划。1498年，达伽马舰队抵达印度半岛西岸城市卡利卡特（Calecute）[1]，开辟了葡萄牙与印度之间的海洋航线，为葡萄牙打开了通往亚洲财富的大门，也使得曼努埃尔一世治下的葡萄牙成为欧洲香料的最大中转站。

1499年，达伽马顺利从印度返回葡萄牙。曼努埃尔一世紧接着又派出航海家佩德罗·阿尔瓦雷斯·卡布拉尔（Pedro Álvares Cabral），令其按照达伽马开辟的航线重赴印度，完善贸易航线。然而，卡布拉尔偏航了。阴差阳错中，这位航海家于1500年意外到达了一片完全陌生的新大陆。在那里，原始部落的居民们尚处在石器时代，对身外的世界还一无所知。卡

---

[1] 卡利卡特现称作科泽科德，我国明朝时期的郑和与葡萄牙达伽马两位航海家均曾在此地登陆，又均在这里去世，卡利卡特因此成为一座著名的城市。

布拉尔便以葡萄牙王室之名,将一枚刻有葡萄牙王室徽章的十字架立在了他的登陆地,并将其命名为"圣十字架之地"(Terra de Santa Cruz),而因当地盛产一种红木(pau-brasil),"Brasil"一词也逐渐替代了圣十字架之地,成为这片大陆的新名称,即如今的巴西。

1510年,阿丰索·德阿尔布开克(Afonso de Albuquerque)率兵征服了印度的果阿(Goa),被任命为印度总督,并在1511年登陆马来半岛的马六甲(Malaca)。1513年,欧维治(Jorge Álvares)[1]在德阿尔布开克的指派下,带领一批满载胡椒的船队从马六甲出发,到达中国南部的广州,准备进行香料贸易。其时正值中国明朝正德年间(1506—1521),关口贸易十分繁盛。按照广州城的船舶管理政策,各国来访船队均不需要上岸,贸易活动可在海上进行。此外,葡萄牙不属于明朝规定的朝贡国家,所以欧维治带领的葡萄牙船队在抵达屯门(Tamão)后未能登陆。不过,在与中国商人完成秘密交易后,欧维治暗中在中国留下了一座刻有葡萄牙王国纹章的石碑,他也成为首个通过航海到达中国的葡萄牙人。1517年,葡萄牙商人及官员费尔南·皮雷斯·德安德拉德(Fernão Pires de Andrade)率船队到达广州,留在当地等待明朝朝廷入京觐见许可,但一直未能如愿。后来,德安德拉德的兄弟西芒·皮雷斯·德安德拉德(Simão Pires de Andrade)接替其职位,却无视明朝政府的法规和公序良俗,屡次越界,这也使得中葡两国政府关系每况愈下,并最终导致屯门之战爆发。

之后,葡萄牙人继续他们的东亚之旅。1543年,数名葡萄牙探险家

---

[1] 一般来说,葡萄牙语中的Álvares这一姓氏在中文中译为"阿尔瓦雷斯"。而"欧维治"则是中国南方,尤其是澳门地区对于Jorge Álvares这一人物的传统译名。此外,葡萄牙于20世纪90年代创立"欧维治基金会"(Fundação Jorge Álvares),也同样采取了这一译法。

意外到达日本，发现了地理特征与民俗风情都十分陌生的种子岛（Ilha de Tanegashima），葡萄牙因此成为欧洲最早与日本建立贸易关系的国家之一，这一阶段史称"南蛮贸易"时期（período de comércio Nanban）[1]。至此，葡萄牙在东亚的贸易网络基本形成，这也使其成为香料等高利润奢侈品在欧洲市场上的主要供应者。通过航海贸易带来的巨大利益，葡萄牙在短短百年内一跃而起，从蕞尔小国摇身变为富甲一方的海权大国。

二、大航海时代对语言的影响

根据编年史学家德祖拉拉的说法，航海大发现的诸多动机中，最主要的便是福音传播（Evangelização）和财富积累[12]。在传教活动和商业往来的驱动下，葡萄牙耶稣会与传教士作出了卓越的贡献，基本担任起整个16世纪和17世纪传播葡萄牙印刷术和语言的重要任务，葡萄牙也几乎因此而成为基督教文化的象征。葡萄牙语被传往亚洲、非洲和美洲，成为各大洲水手、商人、传教士的通用语言。而面对那些陌生的新土地，探险家们也十分乐于为其命名。葡萄牙航海家费尔南·杜波（Fernão do Pó）在寻找通往印度的航路过程中发现了位于几内亚比绍的费尔南波岛（Ilha de Fernão Pó）；若昂·瓦斯·科尔特-雷亚尔（João Vaz Corte-Real）于1472年到达了如今属于加拿大的特拉诺瓦（Terra Nova），该地也成为日后葡萄牙国菜——鳕鱼——的重要原产地；1473年成功穿越赤道的洛波·贡萨尔维斯（Lopo Gonçalves）在几内亚湾南界留下了自己的名字：如今的洛佩斯角（Cabo Lopez）也曾被称作洛波·贡萨尔维斯角（Cabo Lopo Gonçalves）。

---

1 在日本，葡萄牙人和其他从印度洋前来的欧洲人被统称为南蛮人，意为"来自南方的野蛮人"。

在葡萄牙，航海大发现也激发了不少文人志士的创作热情。葡萄牙最伟大的诗人路易斯·德·卡蒙斯撰写的史诗巨著《卢济塔尼亚人之歌》便以达伽马远航印度为原型，吟咏并颂赞卢济塔尼亚人（即葡萄牙人）可歌可泣的探险事迹。例如，在前文提到的1495年新蒙特莫尔议会上，对大航海事业东推西阻的保守派以及对于新事业坚持不懈的积极派都一一映射在卡蒙斯作品中的字里行间。其中，作者通过雷斯泰卢老者（Velho do Restelo）塑造了当时对大航海发现持反对意见的悲观主义者，而主人公达伽马和曼努埃尔国王则象征着拥有大无畏精神的航海开拓者。以下是《卢济塔尼亚人之歌》的葡语和中译节选：

"Eu vos tenho entre todos escolhido
Pera üa empresa, qual a vós se deve,
Trabalho ilustre, duro e esclarecido,
O que eu sei que por mi vos será leve."
Não sofri mais, mas logo: "Ó Rei subido,
Aventurar-me a ferro, a fogo, a neve,
É tão pouco por vós que mais me pena
Ser esta vida cousa tão pequena." [13] 186

"在所有勇士中我选择了你，
去完成你当之无愧的伟业，
我深知，你为了我会觉得，
光荣艰巨的重任轻而易举。"
我实在忍不住立即高声说：
"尊贵的国王呵，为你效劳，
哪怕赴汤蹈火我在所不辞，
这样渺小的生命又何足惜。" [14] 184

选自第四章第79段，曼努埃尔一世与达伽马的对话

Ó glória de mandar! Ó vã cobiça
Desta vaidade, a quem chamamos Fama!
Ó fraudulento gosto, que se atiça
C'uma aura popular, que honra se chama!

荣耀的权力，荒诞的贪欲呵，
我们误把这种狂妄当成名气！
那蛊惑人心的追求激发起了
狂热的野心，就是所谓荣誉！

Que castigo tamanho e que justiça	对那盲目崇拜你的空虚心灵,
Fazes no peito vão que muito te ama!	要施以无情的报复和打击!
Que mortes, que perigos, que tormentas,	除了死亡危险和痛苦的折磨;
Que crueldades neles experimentas![13]190	你还要导演什么残酷的悲剧?[14]191

选自第四章第95段,雷斯泰卢老者的独白

  另外,大航海时代也使一批编年史、地理传记和游记等作品得以问世,例如:葡萄牙航海家和文学家若昂·德巴罗斯(João de Barros)曾基于个人经历,撰写了《亚洲旬志》(*Décadas da Ásia*);出使东方的托梅·皮雷斯(Tomé Pires)曾依据其1512年至1515年在马六甲和印度的见闻撰写了《东方志:从红海到中国》(*Suma Oriental que Trata do Mar Roxo até aos Chins*);航海家若昂·德里斯本(João de Lisboa)则在自己前往巴西后撰写了《海洋之书》(*Livro de Marinharia*),对地理史的发展作出了极大的贡献。

  从贸易往来与科学进步等角度来看,航海大发现的贡献是史无前例的。一方面,它为当时欧洲的商品经济发展和资本主义世界市场的出现奠定了基础,继而带动了全球贸易的发展;同时,航海线路的建立使得原本相对孤立的几大洲之间相互联系起来,为促进各国之间的文化交流作出了重要贡献。另一方面,通过航海,葡萄牙人在航海科技、制图学和天文学等方面均取得了重要突破,为世界瞩目;同时,葡萄牙海洋贸易的可观利润,激发并推动了西班牙、英国和荷兰等欧洲强国的航海发展,也因此开启了15世纪至17世纪整个欧洲的大航海发现时代。然而,从人权的角度来看,航海大发现也直接或间接地导致了非洲、美洲等地的奴隶贸易和种族灭绝,造成数百万人死亡。这一原罪也更值得后人铭记与反思。

03 ▶ ▷
中世纪葡萄牙语的特点

14世纪末，葡萄牙社会经历了深刻的变化。新的王朝诞生，市民阶级上台，宫廷从北方迁移到中南部地区，首都里斯本成为社会的中心；印刷技术的革新使文化和教育得以进一步发展，除了富人和贵族外，平民百姓也能够接触到出版的文学作品；一批又一批船队星夜兼程，将葡萄牙语带往各个大洲，也将异国风情带回伊比利亚半岛。在如此复杂的社会背景下，葡萄牙语也毫无悬念地发生了一定程度的变化，从古葡萄牙语进入中世纪葡萄牙语阶段。

许多语言学家认为，尽管中世纪葡萄牙语涵盖的时间并不长，但它却支撑起了葡萄牙语历史上一个举足轻重的过渡时期，因为中世纪葡萄牙语起到了承上启下的作用：在中世纪葡萄牙语之前，葡萄牙语尚未完全脱离加利西亚-葡萄牙语的语言框架；中世纪葡萄牙语阶段，葡萄牙因1383—1385年革命与卡斯蒂利亚正式分离，葡萄牙语也因此与加利西亚语彻底分道扬镳，并在南部地区的语言基础上基本形成了标准葡萄牙语的雏形；中世纪葡萄牙语之后的古典葡萄牙语阶段则开始正式确立了标准化和规范化的葡萄牙语。

在本节中，我们将列举一些中世纪时期较为典型的葡萄牙语语言特点，尤其是在语音、词法和句法以及词汇方面。可以说，中世纪葡萄牙语的语言演变过程不仅影响了本国葡萄牙语的发展，而且许多语言特性随着航海大发现的步伐在新大陆生根发芽，对世界各地的语言均产生了一定的影响，例如巴西葡萄牙语、非洲葡萄牙语，甚至在日语、马来语和刚果语中，也不乏葡萄牙语的踪迹。而这一切，都主要归功于中世纪的葡萄牙语。

一、语音的演变

在语音方面，中世纪葡萄牙语的语音系统可以说是古葡萄牙语时期的延续，其变化主要出现在元音系统方面。首先，单词中的非重读元音e常弱化为元音i，例如feguêra > figueira（无花果树），menteroso > mentiroso（谎话连篇的）等。而当元音e出现在词尾时，常读作[i]音素，如ponte（pont[i]，今pont[ɨ]，桥）、fome（fom[i]，今fom[ɨ]，饥饿）等。这一特征诞生于葡萄牙南部地区，代表了一种古老的发音，18世纪前一直存在于葡萄牙的语言之中，也是巴西葡萄牙语中词尾e读作[i]的起源。

其次，尽管在古葡萄牙语时期，源自拉丁语的单词结尾处的-ane和-one已经开始转化成为-ã和-õ，但在不同文件和不同书写员之间仍缺乏统一性。例如在13世纪末阿丰索十世时期的一篇法庭记录文献（*Foro Real*）中，我们可以看到这一类单词书写的不确定性，即出现-aos、-õ、-am、-ã等四种结尾：

"[...] yrmaos ou primos de padre ou de madre nõ seyam estes testimonhas [...] Outrosy nõ testimoyar possã [...]

for nẽ herege nẽ seruo nẽ ladrõ [...]"[15]

——古葡萄牙语原文

……父亲或母亲的兄弟姐妹或堂兄弟堂姐妹不能作证……
此外，那些是异教徒、奴隶或小偷的人也不能作证……

——中文译文

而在中世纪葡萄牙语时期，这一音素的书写已经相对规范化。例如在《国王杜阿尔特的建议书（卡都萨修道院之书）》(*Livro dos Conselhos de El-Rei D. Duarte [Livro da Cartuxa]*)[16]中，我们可以发现，在1423—1438年人们使用的葡萄牙语中，上述四种鼻音结尾的书写已基本统一为 -am 或 -ão，读音为 [ẽw]，例如：

"[...] farão esto porque a vontade lhe ha grande afeição por todolos tres poderes [...]"[16]25

——中世纪葡萄牙语原文

……之所以会这样，是因为他对这三种权力都极其喜爱……

——中文译文

"[...] lenços de mãos e de soar camjsas e panos Jacas çyntas que non seJam garnydas bulhões sombreiros esporas cordões [...] e estas se ponham per ele em reçepta e non em despesa."[16]19

——中世纪葡萄牙语原文

……手帕、衬衫和亚麻布带，不要用珠宝、头巾、鞋、鞋带等来装饰……这些将成为他的收入，而不是开支。

——中文译文

此外，元音系统中的另外一个特点便是在元音前出现半元音[j]，从而形成两元音相遇现象，例如duza > dúzia（一打）、meséra > miséria（痛苦）、ambulãiça > ambulância（救护车）、negoce > negócio（贸易）等。

除元音系统外，中世纪葡萄牙语的辅音系统也延续着古葡萄牙语的特征，并向着现代葡萄牙语推进，主要体现在古葡萄牙语中独特的[z]和[dz]、[s]和[ts]、[ʒ]和[dʒ]与[ʃ]和[tʃ]这四对辅音音素的融合，只留下[z]、[s]、[ʒ]和[ʃ]四种音素。例如在单词cozer和coser中，词中辅音z和s均读作[z]，与现代葡萄牙语发音一致；而在古葡萄牙语中，前者z读作[dz]，后者s读作[z]。不过，语音的演变毕竟无法一蹴而就；这一语音变化还要到16世纪语法书普及之后才被视为基本定型。

二、词法和句法的演变

中世纪葡萄牙语时期词法的特点之一便是基本统一了指小词词缀。其中，以-ão结尾的单词常出现后缀-ito或其变体-nito；其他大部分单词则使用源自加利西亚-葡萄牙语的指小词词缀-inho（历史上源于拉丁语-inu）。后期，-inho进一步演变，生成现代葡萄牙语中的另一指小词词缀-zinho，具体例词如下表所示：

表3-1 葡萄牙语指小词的演变

原级词	中世纪葡萄牙语指小词词缀	中世纪葡萄牙语指小词	现代葡萄牙语指小词词缀	现代葡萄牙语指小词
moço（男孩）	-ito 或 -nito	mocito	-zinho	mocinho
pão（面包）		panito		pãozinho
mão（手）		manita		mãozinha
leão（狮子）		leanito		leãozinho
pobre（贫穷的）	-inho	pobrinho		pobrezinho
anel（戒指）		anelinho		anelzinho
quintal（庭院）		quintalinho		quintalzinho

此外，中世纪时期的葡萄牙语形容词中已经出现了现代葡萄牙语中的常见词缀-al、-vel和-oso。除一些使用频率逐渐降低的单词，例如terreal > terrestre（土地的）、humanal > humano（人类的）、convinhavel > conveniente（方便的）、humildoso > humilde（谦逊的）、soberboso > soberbo（狂妄的）等之外，仍有许多单词保留其原始形态直至今日，例如temporal（暂时的）、espiritual（精神的）、amável（值得爱的）、estável（稳定的）、concordável（赞同的）等。

对于动词而言，中世纪葡萄牙语的变位形态与现代葡萄牙语仍有一定的差异。在动词的陈述式简单过去完成时第一人称单数变位中，动词统一使用词尾-í，例如jantí > jantei（我吃晚饭了）、gostí > gostei（我过去喜欢）、casí > casei（我结婚了）、precurí > perguntei（我问了）等。在第三人称复数变位中，许多动词变位以-om或-u结尾：derom > deram（他们给了）、fôrom > foram（他们去了）、andom > andam（他们走）、bubiom > bebiam（他们以前喝）、chamu > chamam（他们叫）、diziu > diziam（他们以前说）等。

而古葡萄牙语中常见的第二人称复数变位词尾-des在中世纪葡萄牙语中已经开始发生变化：-des中的d常常脱落，形成词尾-es；以-er结尾的动词，其过去分词词尾出现了-udo与-ido共存的现象。例如在《埃武拉城市纪实》(Documentos Históricos da Cidade de Évora)的两篇撰写于15世纪前后的文本中，我们分别可以看到上述中世纪葡萄牙语的语言特点：

"[...] porem nós ora por bem e relevamento de nosso povo mandamos que tenhaaes em ello esta maneira que se adiante segue [...]"（tenhaaes < tenhades，是动词ter的第二人称复数变位）

— Ordenação dos cavallos e armas para defesa da terra, 1410 [17] 25

中文大意：
……然而，为了我们人民的利益和援助，我们命令你们按照以下方式执行此事……

"[...] nom o fasendo saber aos ditos siseiros que vãoo veer a dita talha ou tonel ante que o comece a vender,

075

he avido por perdudo [...]"（avido < aver, 即现代葡萄牙语中的动词 haver；perdudo < perder）

— 2.ª Carta de Artigos Geraes que foram dados em as cortes que se fizeram na cidade de Coimbra na era de 433, 1395 [17] 107

中文大意：

……如果在贩卖酒水前未能请相关官员来检查酒桶或容器，那么他们就会失去贩卖酒水的权利……

倘若表达进行时，动名词（亦称副动词）形式则是当时的首选，例如 tava cêfando（现代葡萄牙语：estava a ceifar，我/他当时正在切东西）、andí caiando（现代葡萄牙语：andei a caiar，我当时正在刷墙）、ficarom brincando（现代葡萄牙语：ficaram a brincar，他们当时正在玩）等。这一特点源自加利西亚-葡萄牙语，而且至今仍保留在加利西亚语中。但在葡萄牙语中，这一现象则并未存在太久，便被"a+动词不定式"的形式所替代。不过，由于当时正值航海大发现时期，因此动名词的使用习惯也被带到了亚速尔群岛和巴西，并沿用至今。

三、词汇的形成

自15世纪开始，葡萄牙文学界出现了一个重要的语言运动——"再拉丁化"（relatinização）。尽管迪尼斯一世已将葡萄牙的官方语言规定为葡萄牙语，但大部分学校用来授课的语言仍为拉丁语；在大学中，语法课程的学习也依旧包括学习阅读和书写拉丁文。而许多散文作家由于

076

无法在葡萄牙语中找到对应的词语，因此也只得再次求助于拉丁语。不过，国王杜阿尔特并不喜欢"再拉丁化"这一概念。他通过更改词尾的方式，试图将一些拉丁语单词塑造成葡萄牙语的样子，例如将拉丁语的名词词尾-tio/-tia改为葡萄牙语式的词尾-ção或-cia等。除名词外，也有许多拉丁语形容词和动词经国王之手纳入了中世纪葡萄牙语，具体如下所示：

表3-2　中世纪葡萄牙语中"再拉丁化"的单词例词

单词类型	拉丁语例词	"再拉丁化"后的单词	中文释义
名词	satisfactĭōne-	satisfação	满意
	malītĭa	malícia	恶意
	abstinentĭa	abstinência	节制
形容词	fugitīvu-	fugitivo	逃亡的
	intellectu-	intelecto	智力的
动词	redūcěre	reduzir	减少
	approprĭāre	apropriar	占有

而16世纪初的葡萄牙语单词仍以拉丁语为基础，但已通过与底层和上层语言的接触进一步得到丰富。许多名词基于后缀-nça（源自拉丁语后缀-ntia）或-mento演化出来，其中一些保留至今，例如 mudança（变化）、parecença（相似性）、doença（疾病）、mantimento（保存）、falecimento（逝去）、instrumento（工具）等。但也有很多单词在16世

纪后渐渐被其他单词代替，例如 trigança > pressa（匆忙）、femença > atenção（注意）、avisamento > prudência（谨慎）、leixamento > ato de deixar（离开的行为）；另外一些则转化成与拉丁语更为相近的形态，例如 ensinança > ensinamento（传授）、perdoança > perdão（原谅）、pestilença > pestilência（瘟疫）等。一些古葡萄牙语中常见的动词在中世纪时期也消失了，例如 leixar > deixar（放下）、filhar > roubar（抢劫）、aquecer > acontecer（发生）、gançar > ganhar（赢得）、prasmar > blasfemar（亵渎）。

另外，随着地理大发现时期葡萄牙航海者的推进，葡萄牙人发现了新的土地、新的语言与新的社会，陌生的动物、植物和水果随着返程的探险船队回到了葡萄牙。随之而来的还有它们原有的名称，这在很大程度上丰富了葡萄牙语词汇：jangada（竹筏）、canja（鸡汤）、pijama（睡衣）、biombo（屏风）等带有典型东亚和印度风格的词语源自亚洲语言；而 banana（香蕉）、girafa（长颈鹿）、missanga（珠子）等非洲常见的动物和物品名称则来自非洲语言；在巴西，原住民的土著语言图皮-瓜拉尼语（tupi-guarani）为葡萄牙语注入了上千个全新的单词，其中有一些词只存在于巴西，但也有许多词语进入葡萄牙本土的葡萄牙语，成为葡萄牙人民的常用词，如 ananás（菠萝）、amendoim（花生）、cacau（可可）等。

与此同时，葡萄牙人也在他们到达的迢迢之地留下了属于葡萄牙的语言痕迹。在那些葡萄牙航海家足迹所及的东方国家，不论是马来语中的 kadera（即葡语中的 cadeira，椅子）、varanda（露台）、kamija（即葡语中的 camisa，衬衫）、terigo（即葡语中的 trigo，小麦），抑或日语中的 furasuko（即葡语中的 frasco，瓶子）、bisukettu（即葡语中的 biscoito，饼干）等词，都是经由葡萄牙人引入的词。在非洲，大量葡萄牙语单词也在当地语言中得以保留，如刚果语中的kesu（即葡语中的queijo，奶酪）、sapatu（即葡语中的sapato，鞋子）、lozo（即葡语中的arroz，大米）、matelo（即葡语中的martelo，锤子）等。

第四讲
▼
古典葡萄牙语

在欧洲文艺复兴浪潮的影响下，葡萄牙的政治、经济、文化等都经历了巨大变革。当时出版的第一本葡萄牙语语法书使葡萄牙语有了规范的标准，标志着中世纪葡萄牙语时代的结束。自此，葡萄牙语进入古典时期，这一伟大的时代也哺育了包括卡蒙斯在内的数位大文豪。

01
从中世纪葡萄牙语到古典葡萄牙语

航海大发现的大获成功意味着葡萄牙王国和葡萄牙语不再局限于伊比利亚半岛那狭窄的西部地带，而是向着更广阔的天地发展。随着新殖民地的建立以及殖民统治的深入，大批葡萄牙人向新大陆移居，巩固殖民统治的需要将语言的标准化和规范化提上了日程。与此同时，航海大发现也为葡萄牙本土带来了不少异国风情：15世纪中叶，无论是在葡萄牙的农村还是在城区，非洲奴隶的身影都随处可见，而海上贸易的兴盛也使得来自不同国家的商贩齐聚于这个"香料帝国"中。在跨文化接触中，葡萄牙人不仅创立了新的世界观，也对自己的民族身份和意识有了更加深入的理解。所有这些因素都不可避免地会对语言的发展产生影响，葡萄牙语开始从中世纪语言向古典葡萄牙语转变。

一、葡萄牙语语法的诞生与发展

在人文主义思潮的影响下，葡萄牙著名语言学家费尔南·德·奥利韦拉所著的《葡萄牙语语法》于1536年在里斯本正式出版，这也是葡萄牙历史上第一部真正的葡萄牙语语法书。作为欧洲最古老的有关罗曼语语法的书籍之一，这本书被一致认为是最早的葡萄牙语标准化代表性作品，象征着葡萄牙语言史学的一个里程碑，也正式标志着葡萄牙语进入古典葡萄牙语时期。

在这本语法书中，作者对16世纪葡萄牙语的各种特点进行了详细而严谨的分析，其中许多概念在今天仍被世人所接受。尽管距今近500年，但当时的奥利韦拉已经开始按照现代语言学的概念搭建全书整体架构，将内容以"语音和正字法""词汇""词法""句法"等四大部分进行划分。他提出，葡萄牙语是一种历久弥新的语言，使用者遍布世界，因此，无论在口语和书面表达方面，还是在时间和空间上，这一语言的演变必然受到文化多样性的影响，很难总结出一个唯一的标准。尽管没有对"语言变体"这一概念进行深入的思考，他仍然首创性地提出并归纳了葡萄牙本土葡萄牙语在不同方言区存在不同发音这一特性[18]。奥利韦拉试图展示一种代表葡萄牙人民本质的语言体系，并向整个欧洲发出学习葡萄牙语的邀请，这是一种肯定葡萄牙语言文化的重要态度。能够向其他民族传授葡萄牙语一直是奥利韦拉引以为傲的一件事，而这也正是他创作此书的目的。

继奥利韦拉之后，著名文学家和教育家若昂·德巴罗斯也对葡萄牙语语法表现出了浓厚的兴趣。作为印度殖民地的王室官员之一，德巴罗斯担任着海外殖民地葡萄牙语教学的重要管理任务。在出版了一些葡萄牙语的入门教材后，他于1540年出版了一本著名的语法书——《葡萄牙语语法》(*Grammatica da Língua Portuguesa*)以及《对我们语言的赞美对白》（*Dialogo em Louvor da Nossa Linguagem*）。以上两本书均被汇编进《葡萄牙语语法暨圣母教堂的使命》（*Grammatica da Lingua Portuguesa com os Mandamentos da Santa Madre Igreja*）中，该书主要用于殖民地的扫盲和教学活动，亦被视为现代葡萄牙语的奠基作品集之一。

作为葡萄牙历史上第二部为葡萄牙语制定标准的作品，德巴罗斯的《葡萄牙语语法》同样分为四个部分，包括"正字法""音韵""词源"和"句法"。在全书构思方面，德巴罗斯参照了西班牙语法学家安东尼奥·德内布里哈（Antonio de Nebrija）的一些语法观念，并对葡萄牙语的某些概念进行了改编和重构，其中许多表述被后世接纳，时至今日仍行之有效。例如，音节是一个元音与一个或两个，有时还是三个辅音的组合，他们共同产生一种声音；葡萄牙语中有5种（动词）时态，就像拉丁语一样，包括现在时、过去未完成时、过去完成时、先过时以及将来时；正字法一词是希腊语单词，它表示一种正确书写的科学等[19]LXV–LXXIII。

同时，德巴罗斯在语法书中引入大量的图像和绘画，也因此创造了世界上第一部图文并茂的教材，这种教育模式在当时的社会可谓闻所未闻。例如，在字母表部分，除介绍单词的书写方式外，德巴罗斯为每个字母都配备了具有代表性的单词以及相应的图画。例如，字母L的对应单词为liuro（现livro，书籍），N为náo（现nau，船只），S为serea（现sereia，美人鱼）等，图文结合，以此强化学生的记忆，具体如下图所示：

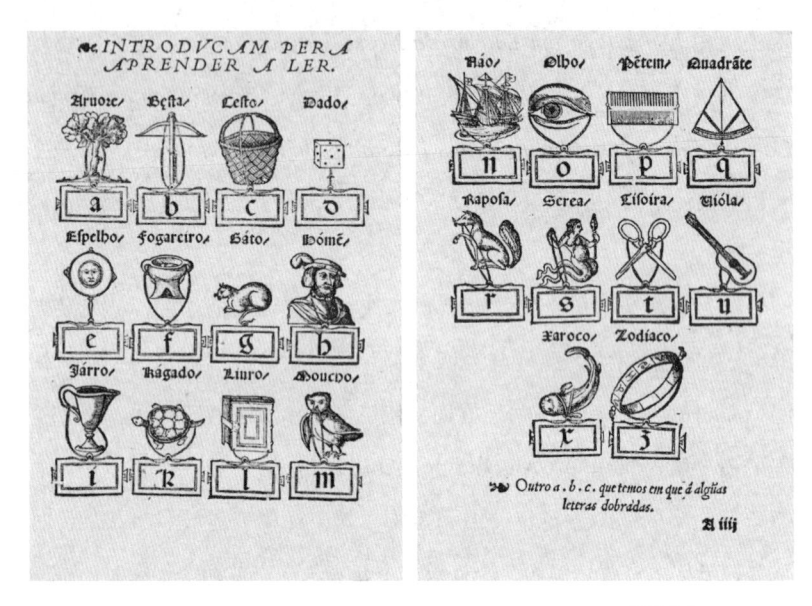

图4-1 《葡萄牙语语法与圣母教堂的任务》中的字母配图[19]6-7

自奥利韦拉和德巴罗斯两位语言大师之后,古典葡萄牙语的语法研究成果便如雨后春笋一般,在葡萄牙相继涌现。杜阿尔特·努内斯·德莱昂先后在1576年和1606年出版了《正字法》(Orthographia)及《葡萄牙语起源》(Origem da Lingua Portuguesa)两部著作;历史学家马加良斯·德甘达武(Magalhães de Gândavo)和本托·佩雷拉(Bento Pereira)则于1672年合作出版了《卢济塔尼亚语语法书》(Ars Grammaticae pro Lingua Lusitana)。凭借更出色的系统性论述和更先进的理论,后世的语法书籍逐渐取代了最初的两部语法书,但最早问世的语法书的重要性仍不可小觑。

与此同时,古典葡萄牙语词典学得到长足发展。16世纪的热罗尼摩·卡多佐（Jerónimo Cardoso）是葡萄牙第一位词典编纂者，他在1551年至1570年间出版了多部拉丁语-葡萄牙语双语词典，可谓开创了葡萄牙的词典学先河。阿戈什蒂纽·巴尔博扎（Agostinho Barbosa）和本托·佩雷拉紧随其后，分别在17世纪初期编撰了数本拉丁语-葡萄牙语和葡萄牙语-拉丁语词典。到了18世纪，词典学这一学科已日渐成熟，古典葡萄牙语的语言特征也愈发稳定。1712年至1728年间，词汇学家拉斐尔·布卢特奥神父（Padre Rafael Bluteau）编写了10册《葡萄牙语与拉丁语词汇》(*Vocabulário Portuguez e Latino*)，而安东尼奥·德莫赖斯·席尔瓦（António de Morais Silva）于1789年编撰的《葡萄牙语词典》(*Dicionário da Língua Portuguesa*)则更为世人所接受，曾多次修订和重印，1948年至1959年间增订至12卷，先后共完成10次再版。正如法国著名葡萄牙语语言史学家保罗·泰西耶（Paul Teyssier）在其著作《葡萄牙语历史》(*História da Língua Portuguesa*)中所言，席尔瓦的这部词典"被视作所有现代葡萄牙语词典的祖先"[20]33-34。

印刷术为古典葡萄牙语的标准化推广提供了重要的技术支持。第一批印刷机器由犹太印刷商经意大利运抵葡萄牙后，首先印刷出版的是大量宗教主题书籍。1488年，葡萄牙沙维斯市（Chaves）出版了《圣事》(*Sacramental*)和《忏悔录》(*Tratado de Confissom*)，这也是首批在葡萄牙本国印刷的葡萄牙语书籍。1490年起，里斯本、波尔图和布拉加等地相继出现了印刷厂，印刷物的内容与风格也日益广泛。1514年，利用新技术的优势，国王曼努埃尔一世下令印刷新的葡萄牙律法，即《曼努埃尔条例》(*Ordenações Manuelinas*)。此后，古版书籍、语言学作品、散文、长篇小说、年鉴等出版物成倍增加。

二、王朝倾覆与双语制

据历史记载，阿维斯王朝的最后一任国王塞巴斯蒂昂（D. Sebastião）是一个心怀大志和热衷骑士精神的年轻人。然而，当王冠传到他头顶的那一刻，葡萄牙早已不是那个能撼动整个世界的海上强国了。常年的巨额航海开支和殖民地的维护费用使得国库日渐空虚，而北非属地经久不息的反抗也使他的祖先们早早就放弃了那块并不富饶的土地。然而，塞巴斯蒂昂却热衷于复兴葡萄牙"航海帝国"这一幻想，不顾朝廷大臣的劝阻，执意率军远征北非。结果必然是充满悲伤的：1578年8月4日，塞巴斯蒂昂的军队在阿尔卡塞尔-基比尔战役（Batalha de Alcácer Quibir）中全军覆没，国王本人也彻底失踪。葡萄牙人民自然不愿相信这一噩耗，他们始终坚信，自己的国王会在一个"雾气笼罩的清晨归来"。

但事实毕竟是残酷的：由于塞巴斯蒂昂没有留下任何子嗣，他的去世直接导致葡萄牙陷入群龙无首的境地。但是，国不可一日无君。几经周折后，1580年，西班牙国王菲利普二世凭借其最近的亲缘关系成为葡萄牙的国王，即菲利普一世（D. Filipe I），葡萄牙由此进入了臣服于西班牙统治的第三王朝——菲利普王朝（Dinastia Filipina），又称哈布斯堡王朝（Dinastia de Habsburgo）。

权力中心的转移很快也反映在语言和文化方面。一方面，由于西班牙长期强盛，卡斯蒂利亚语自13世纪以来一直是欧洲颇具影响力的语言（língua de prestígio），尤其是在文学领域；另一方面，向葡萄牙宫廷渗透卡斯蒂利亚语这一现象符合西班牙当局的利益。因此，卡斯蒂利亚语便正式进入葡萄牙的文化圈，并逐渐建立了"双语制"（Bilinguismo），即葡萄牙语与卡斯蒂利亚语两种语言共存的情况。例如，葡萄牙著名作家和政治家弗朗西斯科·曼努埃尔·德梅洛（Francisco Manuel de Melo）说卡斯蒂利亚语并居住在马德里；而在葡萄牙著名作家吉尔·维森特的作品中，也不乏卡斯蒂利亚语的身影，比如在《吉尔·维森特作品集》（Copilaçam de Todalas Obras de Gil Vicente）中有"a poer a ceja em direito"（修整眉毛）[21]这样一句话，作者使用了卡斯蒂利亚语单词ceja以代替葡萄牙语单词celha（眉毛），从而试图表达一种上流感和高级感。因为在当时，作家们普遍认为，单靠葡萄牙语是无法表现此类感情的。

值得注意的是，尽管双语制在17世纪十分盛行，却并没有对古典葡萄牙语构成什么严重的威胁，因为在实际使用过程中，葡萄牙人讲的卡斯蒂利亚语无论是在词汇、词法还是在句法上都充满了葡萄牙语的特征，葡萄牙语已经与葡萄牙民族牢牢地联系在一起。此外，两种语言的使用基本取决于交际情况，彼此之间存在差异和角色划分：卡斯蒂利亚语声望较高，通常用于较正式的环境，即使是充满爱国精神的葡萄牙捍卫者或是赞美和歌颂葡萄牙独立的文学作品也都是用卡斯蒂利亚语写成的；而葡萄牙语则主要适用于非正式的口头语境。

17世纪初期，西班牙王室的统治日趋式微。面对其他欧洲强国，如荷兰、英国等的崛起，西班牙王室早已自顾不暇。葡萄牙贵族们迅速抓住了机会。1640年，葡萄牙人成功夺回王位，葡萄牙在经历了60年的西班牙统治后终于恢复独立。若昂四世（D. João IV）开启了葡萄牙的第四王朝，即布拉干萨王朝。随着主权的恢复，双语制逐渐式微，古典葡萄牙语时代也即将走向终点。

02 ▶▷
文艺复兴与葡萄牙语

14世纪和15世纪,欧洲日益繁荣的商品贸易带动社会生产力飞速发展,城市经济的兴盛让人们在果腹之余仍有闲情逸致陶冶情操。然而,当时的社会仍深受天主教会的精神控制,文艺世界的发展被强烈禁锢;同时,崇尚自由思想与人文主义的新兴资产阶级试图恢复古希腊和古罗马时代文艺的辉煌。于是,在以意大利为首的几个资本主义萌芽欣欣向荣的国家中,率先涌现出了一大批热衷于回溯古典古代时期(Antiguidade Clássica)[1]的高雅博学之才,最为著名的便是在文学和艺术方面展现出极高创造力的"文学三杰"和"美术三杰"[2]。这一复古的文化热潮史称"文艺复兴"(Renascimento),是欧洲最为重要的人文主义运动之一,标志着欧洲中世纪的结束和近现代的开始,其辐射领域涵盖造型艺术、建筑、政治和哲学

---

[1] 古典古代时期,又称古典时代(Era Clássica),通常指公元前8世纪至公元5世纪之间以地中海为中心的文化历史时期,由古希腊和古罗马的交织文明组成。在那个时代,希腊和罗马社会正值极盛的繁荣时期,整个欧洲,甚至北非和西亚都深受古希腊和古罗马文明的影响。
[2] 文艺复兴的文学三杰指但丁、彼特拉克和薄伽丘;美术三杰则指达芬奇、米开朗琪罗和拉斐尔。

思想、科学研究、文学语言等，在整个欧洲掀起了科学文化范围内的历史回溯和再次创新。

对于葡萄牙而言，早在国王若昂一世统治时期，国内艺术家便已接触到当时在意大利出现的技术和美学创新。不过受地理位置等综合因素的影响，当变革的浪潮从文艺复兴的风暴中心翻涌而至时，葡萄牙已进入15世纪中叶。相对而言，大航海时代在葡萄牙文艺复兴的演变中起到了决定性的作用：一方面，在海洋扩张的背景下，一个横跨四大洲的巨大体量的海权帝国正在缓缓形成，与新大陆的交流使得葡萄牙人能够从一个全新的视角出发，重新看待古代文化；另一方面，海上贸易加强了葡萄牙与文艺复兴时期的重要商业中心城市在商贸和文化等方面的联系，葡萄牙在与东方的贸易中也赚取了巨大的利润，市民阶级得到了发展与壮大。面包充足之后，人们便自然而然地开始追求起精神的富足。大批外交官、商人和留学生前往那些文艺复兴气息更为浓郁的城市，例如罗马、巴黎等，与那里拥护人文主义的学者和艺术家培养了深厚友谊，并最终将文艺复兴之风带回到葡萄牙。

一、百花齐放的黄金时代与卡蒙斯

谈及16世纪葡萄牙的文艺复兴之潮，戏剧文学必占有一席之地。中世纪葡萄牙的传统表演艺术仅限于宗教戏剧或宫廷诗朗诵几种题材，而一生服务于宫廷的"葡萄牙戏剧之父"吉尔·维森特则开创了葡萄牙戏剧的发展长河。1502年到1536年期间，维森特用葡萄牙语和卡斯蒂利亚语创作并最终展映了40余部戏剧，其形式囊括笑剧、悲喜剧、寓意剧等。他将视线投向狭小的宫廷之外，以鲜活又略带嘲讽的语言对大航海时代背景下的各个社会阶层的生活百态进行刻画，表达了新时代下从僵化的中世纪社会等级制度到新兴文艺复兴社会的转变中对既定秩序被颠覆的讽刺。其经典寓意剧《地狱之船》（*Auto da Barca do Inferno*）和笑剧《伊内斯·佩雷拉》（*Farsa de Inês Pereira*）不仅正式开启了葡萄牙的文艺复兴浪潮，还在16世纪的伊比利亚半岛上受到广泛称颂和模仿，至今仍被视为葡萄牙语文学史上最为经典的作品之一。也正因如此，维森特被喻为葡萄牙进入文艺复兴时代的桥梁。

与维森特比肩的另一位葡萄牙文人是德米兰达。1526年，德米兰达从意大利学成归来，他倡导诗歌创作时使用文艺复兴时期最具代表性的意大利诗歌形式和格律，在葡萄牙语中引入了新的文学体裁——十四行诗（soneto），这也标志着葡萄牙文学正式迈入古典主义时期。十四行诗格律严谨，通常由两段四行诗和两段三行诗组成，内容则以歌颂爱情、表现人文主义思想的抒情诗为主。除诗歌外，他也是位出色的剧作家，其代表作包括悲剧《克莉奥帕特拉》（*Cleópatra*）、喜剧《吹牛的士兵》（*Vilhalpandos*）和《异国人》（*Os Estrangeiros*），其中作者大胆抨击宫廷和上层社会的奢侈与腐败，努力揭露社会的阴暗面。

葡萄牙语言和文学发展的黄金时刻以及文艺复兴的顶峰巨匠非路易斯·德·卡蒙斯莫属。卡蒙斯命途多舛，直到1556年抵达澳门，幸运之神才开始眷顾这位伟大的作家。在这片神奇的东方沃土上，卡蒙斯不但邂逅了自己的一生挚爱，还留下了颇多歌赞爱情的十四行诗。东方之旅也大大激发了他对祖国的思念与热情，经二十年呕心沥血，他写就了葡萄牙文学史上的丰碑之作——《卢济塔尼亚人之歌》。在这部真正的民族史诗中，卡蒙斯搭建了一个在航海大发现时代下，特属于葡萄牙民族的身份认同，因此也有中国译者将其译为《葡国魂》。受古希腊诗人荷马（Homero）的史诗《伊利亚特》（Ilíada）和《奥德赛》（Odisseia）及古罗马诗人维吉尔的巨著《埃涅阿斯纪》（Eneida）的启发，《卢济塔尼亚人之歌》这部长达8 816行的宏伟巨作描绘和赞美了葡萄牙从诞生之初至16世纪中期的荣耀长河。这部著作创造了诸多名句，其中的"陆止于此，海始于斯"（Aqui... Onde a terra se acaba e o mar começa）便镌刻在了葡萄牙最西端，亦是欧洲大陆最西端的海角——罗卡角（Cabo da Roca）的十字架石碑上。而为了纪念这位葡萄牙最伟大的诗人，葡萄牙政府以卡蒙斯的逝世之日——1580年6月10日为凭，将6月10日定为葡萄牙、卡蒙斯暨葡侨日；同时，以其之名创建的卡蒙斯学院下属机构横跨四大洲的70多个国家，旨在深化国际合作，促进葡萄牙语语言文化推广等。

图4-2 罗卡角的十字架碑文

除史诗外,卡蒙斯在抒情诗领域也是一位负有盛名的天才作家。早期,卡蒙斯受德米兰达作品的影响创作了诸多著名的十四行诗,主题包括对不幸爱情的哀惋、对生命无常的忧虑、对不公社会和奢靡宫廷的批判等,创作手法既参考了传统的诗歌形式,也有对新格律的尝试。卡蒙斯留下了诸多手稿,创作的300多首抒情诗形式多样、内容丰富,其中包括十四行诗、六行诗、田园诗、颂歌、赞美诗、挽歌等其他短诗,被后人收录出版于诗集《韵律》(*Rimas*)中,其中《爱情是不见火焰的烈火》(*Amor é Fogo que Arde sem se Ver*)、《悲伤而欢乐的黎明》(*Aquela Triste e Leda Madrugada*)等抒情诗最为世人所传颂。此外,卡蒙斯还创作了不少喜剧,主要包括《菲洛德莫》(*Filodemo*)、《主人》(*Anfitriões*)以及《塞莱乌戈国王》(*El-rei Seleuco*),为葡萄牙喜剧的复兴指明了一条道路。

Amor é fogo que arde sem se ver;	爱情是不见火焰的烈火,
É ferida que dói e não se sente;	爱情是不觉疼痛的创伤,
É um contentamento descontente;	爱情是充满烦恼的喜悦,
É dor que desatina sem doer;	爱情的痛苦,虽无疼痛却能使人昏厥。
É um não querer mais que bem querer;	爱情是除了爱别无所爱,
É solitário andar por entre a gente;	即使在人群中也感不到他人的存在。
É nunca contentar-se de contente;	爱情的欢乐没有止境,
É cuidar que se ganha em se perder;	只有在牺牲自我中才能获得。
É querer estar preso por vontade;	为爱情就要甘心俯首听命,

É servir a quem vence, o vencedor;　　爱情能使勇士俯身下拜，
É ter com quem nos mata lealdade.　　爱情对负心者也以诚实相待。

Mas como causar pode seu favor　　爱情既然是矛盾重重，
Nos corações humanos amizade,　　在人们的心中，
Se tão contrário a si é o mesmo Amor?　　又怎能产生爱慕之情？

《爱情是不见火焰的烈火》葡汉对照文本[22-23]

卡蒙斯的史诗以及大航海时代的大规模人员流动也为记述航海活动及新大陆景貌的游记散文提供了灵感。费尔南·门德斯·平托（Fernão Mendes Pinto）是一位与卡蒙斯同期的游记作家。他依据自己远赴中国、日本等"神秘的东方国度"的亲身经历所撰写的《远游记》（*Peregrinação*）别具风格，在当时掀起了一股"游记潮"。在书中，平托以充满异国情调且略带夸张的手法大大褒扬了中国和日本的文明和富饶程度，这使得葡萄牙读者难以相信，许多人还在作者的名字上做起了文章：Fernão, Mentes? —Minto!（作者全名为 Fernão Mendes Pinto，现将其姓名替换为表示"撒谎"的 mentir 一词，意为"费尔南，你撒谎吧？""对，我就是在撒谎！"）。除平托外，驻扎在印度的葡萄牙医生加西亚·德奥尔塔（Garcia de Orta）于1614年撰写了《印度药物药材对谈录》（*Colóquios dos Simples e Drogas da Índi*a）；传教士加斯帕尔·达克鲁斯（Gaspar da Cruz）也于1569年出版了《中国风物志》（*Tratado das Cousas da China*）等。此类饶有风趣的海外故事作品被翻译成多国语言，在当时的欧洲可谓一书难求。这些诗人、作家、神学家等作为葡萄牙文艺复兴黄金

时代（Idade de Ouro do Renascimento）的中流砥柱，在葡萄牙的文学和语言史上留下了浓墨重彩的一笔。

二、宗教裁判所与平庸的巴洛克文学

在一片向好的大环境下，葡萄牙作为大航海时代的开创者，本应继续它的黄金时代。然而好景不长，葡萄牙的绚烂如烟火一样，夺目却短暂，而这一切与葡萄牙宗教裁判所的成立不无关系。

自15世纪以来，人文思想便欣欣向荣，自由之潮在欧洲遍地开花，对罗马天主教会的专权和思想垄断的不满日益高涨。1517年，德国修士和学者马丁·路德发起了一场反抗腐败的罗马天主教会的抗议活动，史称"宗教改革运动"（Reforma）[1]，在北欧数个国家掀起了新教的浪潮。不过，南欧国家的天主教势力依旧根深蒂固。1534年，一个新的宗教团体"耶稣会"（Companhia de Jesus）在巴黎成立，旨在反对欧洲的宗教改革运动，即"反宗教改革运动"（Contra-Reforma），并成立了"宗教裁判所"（Inquisição）[2]，常使用火刑等酷刑对异教徒施以惩戒，以此来镇压异端。

此时的葡萄牙主教与罗马教廷关系甚为密切，也坚持站在反宗教改革的阵营。当时的葡萄牙正值领土强势扩张的关键时期，横跨三大洲的庞大海外帝国正面临着巨大的远距离管理问题。思来想去，国王若昂三世决定允许耶稣会进入葡萄牙，将其作为海外传教的中坚力量，并向耶稣会提供

---

1 在葡萄牙，宗教改革可具体称为"新教改革"（Reforma Protestante）或"欧洲改革"（Reforma Europeia）。
2 "宗教裁判所"一词源于拉丁文Inquisitio，意为"调查""追究"。

许多特权，例如向世界各地派遣传教士和给予其创办学院的自由。若昂三世也因此得到了"虔诚者"（o Piedoso）的称号。

在文化保护和教育发展方面，若昂三世也颇有建树。他知道如何对待出色的文学和艺术，并将教学改革付诸实践。1537年，若昂三世将数次易址的科英布拉大学最终定址于科英布拉，并聘请欧洲各地极具才华的教师前往科英布拉大学教授文学和科学。不过，尽管高等教育的问题解决了，中等教育仍悬而未决：葡萄牙仍缺乏培养大学候选人所需的高质量教育机构，许多葡萄牙人被迫前往法国等国外机构求学。因此，在若昂三世的授意之下，葡萄牙中等教育的先驱——皇家艺术和人文学院（Real Colégio das Artes e Humanidades）于1542年成立，旨在为未来的大学生培养相应的文科知识，并逐步成为整个欧洲最著名的人文教学机构之一。

1555年可谓是葡萄牙文化发展的分水岭。在这一年，若昂三世将他建立的皇家艺术和人文学院交给耶稣会管理，还成立了数个对作品出版审查极为严格的宗教裁判所。就这样，几个世纪的人文主义繁荣都抵不过教会的一声令下。教会的教学垄断权和严格的审查制度大大制约了文化发展，科学思想无法在耶稣会和宗教裁判所主导的反宗教改革的环境中蓬勃发展。由此，葡萄牙自航海大发现初期就已开始的文艺复兴活动受到大幅抑制，人文主义和科学思想遭到严重打压，几乎退回到了因循守旧的经验主义哲学阶段，科学也只能是耶稣会学院里所教授的内容。最终，尽管在17世纪的欧洲，由伽利略、笛卡尔、帕斯卡、斯宾诺莎、莱布尼茨和牛顿等跨时代的伟大科学家所引领的科学进步此起彼伏，但葡萄牙却令人遗憾地错过了这趟思想解放的列车。

1580年，卡蒙斯逝世，葡萄牙文学进入一个过渡时代——巴洛克时代（Barroco）[1]。伴随着葡萄牙第二王朝的颠覆，葡萄牙国内的文化思想领域在很长一段时间内都充斥着一片肃杀之气。在此时代背景下，葡萄牙文学和语言界鲜有创新，只有弗朗西斯科·曼努埃尔·德梅洛、玛丽安娜·阿尔科富拉多修女（Soror Mariana Alcoforado）、安东尼奥·达席尔瓦（António José da Silva）等少数人留下了一些相对成熟的作品。

尽管如此，仍有一位神父突破重重平庸之围，成为巴洛克时代最为瞩目的作家，即被誉为"天主教讲道者中的王子"的安东尼奥·维埃拉神父（Padre António Vieira）。在巴西的传教经历不仅促使维埃拉写下了数篇著名的布道词，如《圣安东尼对鱼的布道》（*Sermão de Santo António aos Peixes*）、《第六十次布道》（*Sermão da Sexagésima*）等，也将他塑造成了一名民族主义战士。他积极支持葡萄牙摆脱西班牙的统治，夺回王位，最终留下第一部以葡萄牙语书写而成的乌托邦小说——《未来之史》（*História do Futuro*）。在书中，作者对世界进行自由畅想，并认为未来的世界文明将由葡萄牙领导，成为激励后世作家的重要作品。

Para um homem se ver a si mesmo, são necessárias três coisas: olhos, espelho e luz. Se tem espelho e é cego, não se pode ver por falta de olhos; se tem espelho e olhos, e é de noite, não se pode ver por	一个人要看清自己，需要三样事物：视力、镜子和光。如果他有一面镜子却是盲人，他会因为缺乏视力而看不见；如果有镜子和视力，

---

1 根据年代划分，巴洛克时代又称"十六世纪主义"（Seiscentismo）。

falta de luz. Logo, há mister luz, há mister espelho e há mister olhos. Que coisa é a conversão de uma alma, senão entrar um homem dentro em si e ver-se a si mesmo? Para esta vista são necessários olhos, e necessária luz e é necessário espelho. O pregador concorre com o espelho, que é a doutrina; Deus concorre com a luz, que é a graça; o homem concorre com os olhos, que é o conhecimento ...

但是在晚上,他会因为缺乏光线而看不见。因此,光、镜子和视力均不可或缺。如果一个人不进入自己,并看清自己,那么灵魂的皈依是什么呢?为此,视力、光线和镜子都是必要的。传教者拥有镜子,即教义;上帝拥有光,即恩典;人拥有视力,即知识……

《第六十次布道》节选[24]及其中文译文

03 ▶ ▷
古典葡萄牙语的特点

中世纪葡萄牙语阶段之后，葡萄牙语已成为代表葡萄牙的国家语言，民族主义、国土统一和扩张主义的宏伟理想在一定程度上内化为对葡萄牙语教学的关注。作为衡量帝国地位是否稳固的最重要因素之一，人们愈发开始重视对于语言本身的分析、研究和描述，由此引发了"语言编典"（codificação）现象[1]。自1536年奥利韦拉出版第一部葡萄牙语语法书之后，建立语言标准和语言规范便成为语法学家的目标。此后，各类语法教材和词典著作便层见叠出，古典葡萄牙语时代就此开启，并基本持续到17世纪末。

正是在这一阶段，受文艺复兴人文主义思潮的影响，源自拉丁语的诸多罗曼语均确立了一系列新的语言特征，较原先的语言更加系统化和规范化，并呈现出现代语言的样貌，葡萄牙语也不例外。不过，与其他语言不

---

[1] 语言学中，"编典"指选择、发展和建立标准语言使用模式的过程，通常意味着开发和建立统一的写作标准，以及语法、拼写、发音和词汇使用的规范性规则，并最终出版语法书、词典等文字产物。

同的是，古典葡萄牙语的演变遵循着自己的节奏：除回溯拉丁语时借鉴的词法和句法外，在政治因素的影响下，葡萄牙还经历了两个多世纪的葡、西双语并存时期，并在语言的各个方面留有印迹。与之前的语言时期类似，古典葡萄牙语时期的语言特点也主要分为三个方面：语音的规范、词法和句法的演变以及词汇的发展。

一、语音的规范

古典葡萄牙语的一大特色便是语言规范性的建立，而这一点主要归功于语法家奥利韦拉和德巴罗斯为我们提供的详尽语法描述。以奥利韦拉的《葡萄牙语语法》为例，作者首次建立了一系列语音规则，用以规范16世纪的葡萄牙语语音。例如，奥利韦拉认为，由词中辅音脱落形成的两元音相遇的结构中，应插入一个半元音音素。具体例词如下：古典拉丁语单词crēdō在发展过程中，词中辅音d脱落，形成creo后，应在元音e和o中插入一个半元音y，形成古典葡萄牙语单词creyo（现代葡萄牙语为creio，我相信）。除creyo外，同一类型的seyo（现代葡萄牙语为seio，心胸）、feyo（现代葡萄牙语为feio，丑陋的）等也是奥利韦拉建议更改的词语，并成为之后语法书中的主流拼写方式[2]60。

除半元音外，奥利韦拉正式将第二人称复数变位词尾中的d去除，例如tomade > tomae（你们采取），还将这一过程中产生的二合元音ae纳入二合元音系统。此外，奥利韦拉还将以音素[ẽw]结尾的单词的复数变化纳入语法规则范畴，并提出：若单词词尾由拉丁语词尾-ane演变而来，在单数时写作-am，复数词尾变为-ães；若由-one演变而来，在单数时写作-om，复数词尾变为-ões；若由-anu演变而来，在单数时写作-ão，复数词尾则变为-ãos[2]60。具体见下表所示：

表4-1　奥利韦拉规定下的以音素[ẽw]结尾的单词的复数变化

拉丁语词尾	古典葡萄牙语单数	古典葡萄牙语复数
-ane	pam（面包） cam（狗）	pães cães
-one	liçom（教训） melom（蜜瓜）	lições melões
-anu	cidadão（市民） cortesão（侍臣）	cidadãos cortesãos

与此同时，长达两个半世纪的双语制（15世纪中叶到17世纪末）也在古典葡萄牙语的身上留下了不少印记。受西班牙语的影响，在语音学和音系学领域，葡萄牙人民口中的葡萄牙语显现出西班牙语的语音特性，如将辅音l和n按照西班牙语的发音进行腭音化，使之发成[ʎ]和[ɲ]，并书写成ll和ñ。而对于那些在西班牙语与葡萄牙语中拼写和发音均十分相近的单词，学习过西班牙语的葡萄牙人常常会将两种语言混淆，尤其是在区分辅音l和r或辅音c和z之时，例如在葡萄牙语中，"完成"这一动词写作cumprir，在西班牙语中则写作cumplir，而这两个词语的发音极为接近。因此，受双语制影响，在两种语言中混用两种发音和拼读方式的情况屡见不鲜。此外，葡萄牙人口中的西班牙语也常常带有葡萄牙语的特点，例如将西班牙语辅音ll和ñ转化成葡萄牙语发音，使之写成lh和nh。上述三种情况的例词见下表：

表4-2 双语制下西班牙语对于葡萄牙语发音的影响

受西班牙语影响的葡萄牙语单词	palavra > pallavra（单词）、calor > callente（火热的）、nascimento > ñacimiento（出生）、bonito > boñito（美丽的）
发音相互影响的单词（单词按西班牙语-葡萄牙语的顺序排列）	cumplir - cumprir（完成）、satisfacer - satisfazer（满足）
受葡萄牙语影响的西班牙语单词	maravilla > maravilha（奇迹）、extraño > estranho（陌生人）

二、词法和句法的演变

以奥利韦拉为代表的语法家在古典葡萄牙语的词法方面也进行了一定程度的统一，尤其是单词的阴阳性方面。中世纪时期，许多词尾所代表的阴阳性属性都与现代葡萄牙语有一定出入，比如在16世纪以前，以-agem结尾的单词普遍被定义为阳性词，以-ês、-ol、-or结尾的单词可同时代表阴性或阳性单词，即双性。在一众语言学家撰写的语法书中，我们可以看到他们对上述词尾所代表的阴阳性进行了重新定义，主要包括：

1）绝大多数以-agem结尾的单词都是阴性单词。根据奥利韦拉的说法，linguagem（语言）、linhagem（家系）、borragem（琉璃苣）等以-agem结尾的单词都是阴性词；语言学家杜阿尔特·德莱昂也在一句"parece outra linguagem"（像是另一种语言）[25]中表达了他对-agem这一阴性词尾的态度。在现代葡萄牙语中，除了personagem（性格）等个别词是双性词外，几乎所有以-agem结尾的单词都是阴性词，无论该词来源于何种语言。例如，源自加利西亚语中的两个阳性单词chauffage和garage

101

在进入葡萄牙语后均变成了阴性词chaufagem（供热设备）和garagem（车库）。

2）以-ês、-ol、-or结尾的单词拥有自己的阴性形式。但是，三者的演变过程并不一致：

——以-ês结尾的单词：尽管奥利韦拉在其著作中明确地写下了-esa这一结尾，并将其看作阴性形式，但世人对该阴性词尾的接受度并不高，仍倾向于使用lingoa portugues（葡萄牙语）、gente portugues（葡萄牙人）等表达。

——以-ol结尾的单词：在很长一段时间内保留了这一结尾单词的阴性意义，人们直至17世纪才开始广泛使用-ola，如gente espanhola（西班牙人）。

——以-or结尾的单词：相对而言，人们对于-or这一词尾的阴性形式-ora的接受度较高。自16世纪开始，作家就开始通过在-or词尾后添加a，表达其阴性含义，比如德索萨教士（Frei Luís de Sousa）便在他的作品中写下了与现代葡萄牙语形式一致的阴性形容词provocadora（引发的）——"a pouca água que tomava era provocadora de mais sede [...]"（他喝的那点水却让他更加口渴……）[26]。

3）一些单词的阴阳性发生了逆转。在葡萄牙语学习的入门阶段，或许不少人都曾为dia（日子）一词的阴阳性感到困扰：明明以-a结尾，却是一个阳性单词。但实际上，16世纪时，这一单词也常作为阴性单词存在于文学作品之中，比如在1513年出版的文献中我们就可以看到"[...] ficarõ alli atee a dia presente [...]"（……他们一直待在那里，直到今天……）[27]之类的表达。诸如此类的单词还有很多，例如mapa（地图）、planeta（行星）、fantasma（鬼魂）等，均在中世纪时期根据其词尾被划分进阴性单词的组别，后又因某些作家或语法学家的著作而被定义为阳性单词。

除单词阴阳性外，语法家们也对指示代词和地点副词进行了规范。在第二讲中我们看到，古葡萄牙语的代词和副词系统十分复杂，而奥利韦拉则通过对几个世纪以来代词和副词实际使用情况的梳理，剔除了一些使用频率较低的词，并总结出16世纪葡萄牙语的指示代词和地点副词规范，即形成以"离说话者较近"的este（这）、"离听话者较近"的esse（那）和"离两者都远"的aquele（那）的三元系统，以及相对应的地点副词，即形成"离说话者较近"的aqui和cá（这里）、"离听话者较近"的aí（那里）和"离两者都远"的ali和lá（那里）系统，这与现代葡萄牙语几乎完全一致[28]。在句法方面，文艺复兴时期，语言已经不仅仅被视作传递信息的手段或进行叙述的工具，它更是作为审美鉴赏与思维建构的直接研究对象。在文学语言的表现力上，文学家们开始重视文本节奏、音乐性和表现力，并崇尚使用双关语、反义词、典故、夸张等修辞技巧，追求语句的恢弘和磅礴之势。此外，基于文艺复兴时期回溯拉丁语（即再拉丁语化）的热潮，许多文人乐于模仿拉丁文的语句结构，由此导致了古典葡萄牙语对长句和从句的热爱，为语言带来了全新的复杂性和可塑性。时至今日，在文学作品和正式文献中，我们仍可以看到葡萄牙人对复杂长句的偏爱。

三、词汇的形成

自葡萄牙语起源以来，拉丁语便一直作为葡萄牙语的词库，渗透在这一语言的发展中。而15世纪和16世纪，文艺复兴是大势所趋，单词的再拉丁语化更是发展到了极致。许多单词在经过几个世纪的语音演变后，已换上与其拉丁语祖先截然不同的"新装",但再拉丁语化却在一定程度上使人们重新回顾了那些古老的单词形式。因此,在古典葡萄牙语时期,我们常能看到同一单词的不同书写形式,例如:自13世纪以来,flamma一词便在辅音腭音化的作用下演化成为chama(火焰),但在16世纪的各类文书中我们却时常能看到flama这一写法;同样,源自masculu-一词的macho(男性的)早就摒弃了古老的书写形式,但在17世纪másculo这一拼写方式却又再度登场。

在文学作品中,此类例子更是恒河沙数。诸如达米昂·德戈伊斯(Damião de Góis)和安德烈·德雷森德(André de Resende)等人文主义作家大多对拉丁语情有独钟,甚至连一些最常用的葡萄牙语单词都深受影响。德戈伊斯曾将指示代词esse(那个)写作epse,因为在拉丁语中该单词写作ipse。德雷森德对拉丁语的热爱毫不逊色,信手拈来的复古词便是最佳佐证:在其作品中,德雷森德习惯于将noite写作nocte(源自拉丁语noctem,夜晚),将sete写作septe(源自拉丁语septe,七),将olhos写作oclhos(源自拉丁语ŏcŭlum,眼睛),将conhecer写作cognescer(源自拉丁语cognoscĕre,知道),将nunca写作nunqua(源自拉丁语nunquam,从不)等,尽管其中的大部分单词早在古葡萄牙语时期就告别了那些古老的拉丁语书写形式。不难想象这种对拉丁语的狂热可能造就的后果:在古典葡萄牙语时期,不少语法学家使用的拼写规范都有待考证。例如德雷森德将副词até(直到)写作hacte,德巴罗斯将其写作té,因为在他们的想象中,até一词源自拉丁文的hac tenus;但实际上,大多数语言学家更倾向于将这个词的源头归于阿拉伯语读音hatta。

另外,双语制对葡萄牙语词汇产生的影响也毋庸置疑。例如,"卡斯蒂利亚语"一词在中世纪葡萄牙语时期的拼写为castelão；但在西班牙语写法castellano的影响下，该单词自古典葡萄牙语阶段便开始书写为castelhano。受西班牙语单词cavallero（如今写作caballero，意为"绅士""优秀的人""受过良好教育的人"）的影响，该词在葡萄牙语中写作cavalheiro或cavaleiro。除此之外，出现同样变化的单词还有很多，也有许多西班牙语单词在这一时期以各种形式进入葡萄牙语领域，并或多或少在当地的语言中扎根生长。具体可见下表所示：

表4-3　双语制下西班牙语对于葡萄牙语词汇的影响

词语类别	葡萄牙语例词	西班牙语词源	中文释义
礼貌用语	lhano	llano	直率的
	airoso	airoso	风度翩翩的
军事	cabecilha	cabecilla	头目
	tertúlia	tertulia	集合
	guerrilha	guerrilla	游击战
服饰	boina	boina	贝雷帽
	mantilha	mantilla	头纱
其他	frente	frente	前线
	faina	faena	艰苦的工作
	trecho	trecho	节选
	moreno	moreno	褐色的
	congoxa	congoja	极度痛苦
	granizo	granizo	雹

第五讲
现代葡萄牙语

18世纪，欧洲进步思潮以及教育体系改革使葡萄牙的语言教学和语言研究得以发展，葡萄牙语进入现代时期。1911年的正字法改革进一步确立了葡萄牙语语言的标准与规范，使现代葡萄牙语得以在全球范围内广泛传播与使用，并在世界语言之林中占据重要地位。

01 ▶ ▷
从古典葡萄牙语到现代葡萄牙语

不同于我们先前描述的语言时代，现代葡萄牙语时期的开端并没有明显的标记，这是因为文艺复兴之后，葡萄牙国内鲜有足以撼动语言进程的巨浪。不过，得益于18世纪风云变幻的欧洲——技术创新推动了科学知识和人文主义的发展，工业革命和启蒙主义思潮在英国与法国相继爆发，葡萄牙在社会层面也取得了一定的进步和发展，并在一定程度上辐射至语言层面。因此，多数语言学家认为，18世纪末可作为古典葡萄牙语与现代葡萄牙语的分界线。

一、保守与革新的对抗

18世纪初期，葡萄牙与当时其他保守的天主教国家一样，文化普及率低，国内绝大多数人口仍然是文盲。作为社会主流的保守派严重鄙视欧洲的进步思想，《禁书目录》（拉丁语：*Index Librorum Prohibitorum*）[1]仍

---

1 《禁书目录》是一份被"禁书目录委员会"判定为异端或危害天主教徒信仰的书籍列表。凡是《禁书目录》中的书籍，均不可流传于世。该目录于1966年才被正式废止。

然有效，教育的权力也被牢牢掌控在宗教机构手中，以教条主义和学院派（escolástica）为核心的中世纪教材构成了各阶层人士所受教育的内核。这一时期，那些反对教会的绝对权力、宣扬进步思想的开明人士常常受到宗教裁判所的迫害和政治警察的镇压。

在这些青年中，有许多人曾有幸接触国外的进步科学思想和启蒙运动哲学，并深受启发。他们看到了葡萄牙与欧洲其他地区，尤其是法国的差距，因此主张将启蒙主义的思潮引入葡萄牙。他们积极宣扬世俗主义和政治自由主义，并坚决倡导通过改革带动社会进步。这些人组成了18世纪具有重要意义的一个文化群体，历史上称之为"海归派"（estrangeirados）。著名的海归派人物包括若昂六世（D. João VI）之子、创建巴西帝国的佩德罗一世（D. Pedro I）以及各领域的学者，例如词汇学家拉斐尔·布卢特奥（Rafael Bluteau）、教育学家路易斯·安东尼奥·凡尔内（Luís António Verney）、哲学家里贝罗·桑谢斯（Ribeiro Sanches）等。他们不仅在葡萄牙语语言学事业上作出了引人注目的贡献，更是推动了教学实验方法的探讨和实践，例如凡尔内最出名的有关教学方法的著作《学习的真实方法》（*Verdadeiro Método de Estudar*）和桑谢斯的《青年教育文件》（*Cartas sobre a Educação da Mocidade*）等。

庞巴尔侯爵（Marquês de Pombal）原名为塞巴斯蒂昂·若泽·德卡瓦略·埃梅洛（Sebastião José de Carvalho e Melo），是海归派文化和葡萄牙启蒙主义运动的中流砥柱。当政期间，他致力于削减特权贵族和神职人员的权力，并大刀阔斧地推行了一系列现代化改革，史称"庞巴尔侯爵改革"（Reformas Pombalinas）。也正因如此，并非皇亲国戚的他以一己之力拥有了以自己的封号命名的时代——庞巴尔时代（Era Pombalina）。1759年，庞巴尔侯爵将耶稣会士逐出所有葡萄牙殖民地，以此镇压葡萄牙及殖民地的耶稣会学校，由此终结了耶稣会对教学的垄断时代。1772年，庞巴尔侯爵推动了科英布拉大学改革（Reforma da Universidade de Coimbra），正式将科学这一学科纳入教学系统，这对葡萄牙的教育体系产生了深远影响。随后，皇家贵族中学（Real Colégio dos Nobres）与皇家科学院（Academia Real das Ciências）等教育和研究机构陆续建成；前者推动了葡萄牙语和现代语言教学雏形的形成，而后者则致力于科学研究，并负责中世纪文献集的出版。

19世纪上半叶的葡萄牙国力衰颓，落后的工业化进程和经济结构的转变更因接踵而至的政治危机而止步不前。1807年至1810年间，法军入侵葡萄牙，葡萄牙王室远遁巴西，而英国军队则乘虚而入，长期驻扎在葡萄牙国内与法国人作战，引起了葡萄牙民众的积怨。1820年，波尔图和里斯本相继爆发了自由党人的资产阶级革命，史称"波尔图自由革命"（Revolução Liberal do Porto），由此建立了立宪制，标志着旧制度的瓦解。在这场革命中，阿尔梅达·加雷特（Almeida Garrett）和亚历山大·埃尔库拉诺（Alexandre Herculano）等进步知识分子得以为人们所熟知。他们在流亡的岁月中尝尽了苦难，但始终致力于弘扬真正的民族文学。其中，加雷特受英法浪漫主义文学的影响，语言新奇独特且富有深意，代表作包括戏剧《吉尔·维森特的一部寓意剧》（*Um Auto de Gil Vicente*）、《路易斯·德索萨教士》（*Frei Luís de Sousa*）等，其作品长诗《卡蒙斯》（*Camões*）更是为葡萄牙的阿卡迪亚主义（Arcadismo

109

Português）[1]画上了句号，开启了本国文学浪漫主义时期（Romantismo），他本人也被誉为葡萄牙早期浪漫主义最伟大的作家。

二、语言标准的发展

在庞巴尔改革的影响下，葡萄牙语的语言政策和制度在海内外领地得到普及，葡萄牙语自1770年起成为巴西和其他殖民地的官方语言。此外，庞巴尔主张将葡萄牙语作为学校授课的语言，甚至拉丁语课程也强制使用葡萄牙语教学，此举大规模推动了葡萄牙海内外领地识字率的提高和读写科目教师数量的增长，印刷厂也开始激增，其中便包括1808年建立的巴西皇家印刷厂（Impressão Régia）；诸如新闻和小说等印刷品迅速普及，广泛覆盖到各个社会阶级，由此推动了葡萄牙语系统化、标准化的进程。

19世纪下半叶，经济和人口的增长使人们越来越致力于对葡萄牙语的研究。此时，语言学家除了关注语言教学领域外，更加注重对语言本身的理解和描述。葡萄牙语言学家阿道夫·科埃略（Adolfo Coelho）于1868年出版了作品《葡萄牙语》（A Língua Portugueza），开启了对现代葡萄牙语语言学和现代葡萄牙语文献学的思考；埃皮法尼奥·达席尔瓦·迪亚斯（Epifânio da Silva Dias）、莱特·德瓦斯孔塞洛斯（Leite de Vasconcelos）、贡萨尔维斯·维亚纳（Gonçalves Viana）、卡罗琳娜·米夏埃利斯（Carolina Michaëlis）和若泽·若阿金·努内斯（José Joaquim

---

[1] 1756年，巴洛克主义逐渐沉寂，一些有志青年受启蒙主义影响高举新古典主义旗帜，在里斯本成立了"卢济塔尼亚诗社"（Arcádia Lusitânia，又称"里斯本诗社"），力图确立优美简洁的诗歌理念，其中成就最高的当属诗人杜·博卡热（Du Bocage）。这些诗人所倡导的新古典主义亦称阿卡迪亚主义。

Nunes）等诸多著名学者同样对葡萄牙语语言学的研究提出了新的视角和方向，他们的文章陆续刊登在《卢济塔尼亚杂志》（*Revista Lusitana*）上，这一系列成就不仅为葡萄牙语，同时也为国际范围内的新生科学——语言学作出了一定的贡献。

20世纪初，几乎所有葡萄牙语单词的拼写规则都是以拉丁语或希腊语词源为基础。多年来，多名学者相继提出了简化书写的建议，但鲜有进展，其中包括1885年由贡萨尔维斯·维亚纳和瓦斯孔塞洛斯·阿布雷乌（Vasconcelos Abreu）撰写的著作《葡萄牙正字法基础规则》（*Bases da Ortografia Portuguesa*）。葡萄牙共和国成立后不久，为普及学校教育、消除文盲并规范官方和教学出版物中的文字使用，1911年，新政府委任维亚纳、科埃略等语言学家成立正字法委员会，该委员会在1885年著作的基础上，成功领导了第一次正字法拼写改革，史称"1911年正字法改革"（Reforma Ortográfica de 1911）。

这次改革的主要内容多达46项，囊括葡萄牙语字母使用、符号使用、词法搭配等多个方面，其中修改幅度最大的正字建议包括：

1）合成辅音（dígrafos）的简化，如将单词中的th、ph、rh分别替换为辅音t、f和r等；

2）将单词中的辅音y替换为元音i；

3）删除某些单词中不影响元音音节发音的哑辅音（consoantes mudas）。在葡萄牙语中，哑辅音主要指的是那些发音强度较弱的辅音，通常为cd、ct、mn、pc、pt等辅音序列中的首个辅音，以及词中的h辅音；

4）若单词的重音位置落在倒数第三个音节，则需在其重读元音上添加重音符号。

表5-1　1911年正字法改革主要内容

改革内容	单词实例
合成辅音的简化	orthographia > ortografia（正字法）、pharmacia > farmácia（药学）、rhtórica > retórica（修辞学）
辅音 y 替换为元音 i	syntaxe > sintaxe（句法）、estylo > estilo（风格）、typo > tipo（类型）
哑辅音的删除	anecdota > anedota（轶事）、damno > dano（损害）、exhausto > exausto（耗尽）、prompto > pronto（准备好的）
重音符号的引入	Antonio > António（安东尼奥）、sabado > sábado（周六）、arduo > árduo（艰苦的）、camara > câmara（小房间）

此次正字法改革意义深远，是葡萄牙自13世纪初出现独立葡萄牙语文字以来的首次官方改革，系统性地改变了葡萄牙语书面语言的书写方式，使其更加接近于如今的语言。其后，葡萄牙和巴西又陆续实施了数次正字法改革，具体内容将在后面详述。

三、现代葡萄牙文学

文学和语言的发展总是相伴相随，现代葡萄牙语的诞生也意味着葡萄牙文学进入了新的阶段。从19世纪末到20世纪初，尽管葡萄牙社会陷入内忧外患，国力不振，最终在一波三折中步入共和，但葡萄牙文学却迎来了新的高峰。葡萄牙共和国成立后，一批支持新政权的知识分子在波尔图创办文艺杂志《鹰》（*A Águia*），并发起了一场名为"葡萄牙文艺复兴"（Renascença Portuguesa）的运动，旨在解决共和国建立后残留的教育、社会、经济和宗教领域问题。虽然运动大获成功，但内部的不和谐声音却难以避免：1912年，费尔南多·佩索阿（Fernando Pessoa）和马里奥·德萨·卡内罗（Mário de Sá Carneiro）因意见与"葡萄牙文艺复兴"组织相左，于1915年另立门户，创办了先锋杂志《奥尔菲乌》（Orpheu）。尽管该杂志只办了两期，但它仍象征着以佩索阿、卡内罗等人为代表的现代主义与传统文学的决裂，正式开启了葡萄牙的现代主义（Modernismo）之路。

费尔南多·佩索阿可谓是葡萄牙知名度最高的诗人，而这与他创造的70余个不同的"异名"（heterónimo）以及流传于世的数百首诗篇不无关系。异名不同于笔名，可被视为现代文艺思想中作者不同人格的化身，而笔名则通常只是为了隐藏作家的真实身份。对于佩索阿而言，他创造的每一个异名人物都是独立的个体，每个异名笔下迥然不同的作品也是佩索阿比肩西方文学史上其他巨匠的原因之一。佩索阿最广为人知的异名包括农民诗人阿尔贝托·卡埃罗（Alberto Caeiro）、轮船工程师阿尔瓦罗·德坎波斯（Álvaro de Campos）、医生里卡多·雷斯（Ricardo Reis）和会计师贝尔纳多·苏亚雷斯（Bernardo Soares）等。不过，佩索阿的大部分成名之作均来自苏亚雷斯，最为出名的便是《惶然录》（O Livro do Desassossego）[1]，它被誉为葡萄牙20世纪最为重要的文学作品。

作为首位斩获诺贝尔文学奖的葡萄牙作家，若泽·萨拉马戈（José Saramago）也是现代葡萄牙文学中不可或缺的人物。萨拉马戈早年与文

---

1 本书亦被译为《不安之书》。

学结缘，出版了多部诗集和小说，代表作品包括荣获葡萄牙语文学创作最高奖项——卡蒙斯奖的《修道院纪事》(*Memorial do Convento*)、《里卡多·雷斯死去那年》[1](*O Ano da Morte de Ricardo Reis*)以及助其问鼎诺奖的《失明症漫记》(*Ensaio sobre a Cegueira*)等。天马行空的想象之下，萨拉马戈常常以诙谐幽默的笔锋开辟一个陌生的虚拟时代和空间，戏谑背后是对荒诞社会的讽刺。其对葡萄牙语的巧妙运用、对葡萄牙历史和文化的独特思考以及贯穿始终的正义与良知能引发人们深刻的内省，因此获得了全球读者的追捧与景仰。

---

1 本书亦被译为《里卡尔多·雷耶斯离世那年》。

02
现代葡萄牙语的地位

从15世纪开始，葡萄牙语便随着地理大发现的远航船踏上了全球扩张历程；随着船队到达各大洲，这一语言的传播让使用葡萄牙语的人数成倍增长。作为近现代首个实现全球化的语言，仅用了600年，以葡萄牙语为母语的人口便从最初的100万发展到如今的约2.9亿，并因此形成了葡语国家（países lusófonos）[1]这一概念。21世纪的葡萄牙语使用范围横跨四大洲，是八个葡语国家——安哥拉（Angola）、巴西（Brasil）、东帝汶（Timor-Leste）、佛得角（Cabo Verde）、几内亚比绍（Guiné-Bissau）、莫桑比克（Moçambique）、葡萄牙（Portugal）、圣多美和普林西比（São Tomé e Príncipe）的官方语言。中国澳门特别行政区也将葡萄牙语定为"正式语文"之一。因此，葡萄牙语系世界第六大语言（仅次于汉语、英语、法语、西班牙语和阿拉伯语），同时也是印欧语系中使用最广泛的语言之一。根据世界银行人口统计数据，截至2022年，以葡萄牙语作为母语的人口总计近

---

[1] "葡语国家"这一概念源自葡萄牙语单词Lusofonia，指所有葡萄牙语国家在共同的历史背景下产生的语言和文化认同。

2.9亿，约占全球人数3.6%。其中巴西以逾2亿人口居于首位，安哥拉（约3 500万）、莫桑比克（约3 200万）、葡萄牙（约1 000万）以及几内亚比绍（约210万）居于其后[1]。如今，超过460万具有葡萄牙血统的移民遍布世界各地，除非洲葡语国家（主要是佛得角、安哥拉和莫桑比克）外，巴西的移民数量也位居前列。

在地理分布方面，葡语国家共占地1 080万平方公里，约占地球陆地总面积的7.25%；在经济发展方面，葡语国家在商业中的重要性也日益凸显。根据世界银行2020年发布的数据，葡语国家的国内生产总值约为1.9万亿美元，约占全球GDP总值的2.25%。倘若作为一个国家计算，这一经济总量足以跻身世界第十大经济体。而在当今全球化的世界中，互联网的使用已成为评估语言影响力的必要参数。根据世界互联网统计数据，截至2021年，全球网络和社交媒体上活跃着约1.7亿葡萄牙语网民，占全球互联网用户的3.7%。整体而言，葡萄牙语已成为互联网上第五大受欢迎的使用语言（前四位分别是英语、汉语、西班牙语和阿拉伯语）[2]，在脸书（facebook）上使用群体排名第三，在推特（twitter）上排名第四。此外，葡萄牙语也是包括欧盟（UE）、联合国教科文组织（UNESCO）、非盟（UA）、美洲国家组织（Organização dos Estados Americanos）及国际排球联合会（Federação Internacional de Voleibol）等在内的十二个大型国际组织的官方工作或翻译语言。

1　世界银行公开数据，访问日期：2023年7月24日，https://data.worldbank.org/country/brazil，https://data.worldbank.org/country/angola，https://data.worldbank.org/country/mozambique，https://data.worldbank.org/country/portugal，https://data.worldbank.org/country/guinea-bissau。
2　"Internet World Users by Language", accessed July 22, 2022, https://www.internetworldstats.com/stats7.htm.

在诸多方面，葡萄牙语均反映出数个民族的凝聚精神，例如，葡语国家间在政治和经济合作、教育等方面均保持着良好的优先合作关系。为深化葡语国家间的友谊，加强其在国际舞台上的重要性，葡萄牙努力与其他葡语国家一道，推动在高等教育、科学和技术领域以及葡萄牙语方面的合作倡议，促进未来相互合作的机会，并希望加强各国之间的密切联系。1996年7月17日，七个葡语国家——安哥拉、巴西、佛得角、几内亚比绍、莫桑比克、葡萄牙和圣多美和普林西比共同创建了葡语国家共同体（Comunidade dos Países de Língua Portuguesa）这一国际组织，简称葡共体（CPLP），总部坐落于里斯本。2002年，东帝汶加入葡共体；2014年，非葡语国家赤道几内亚也加入了这一组织。

2009年6月，为维护葡语国家人民间存续百年的历史纽带和共同遗产，维护各国与葡萄牙语的历史联系及葡语国家间的友好关系，葡语国家共同体在佛得角部长理事会中决定，将5月5日定为葡萄牙语言文化日（Dia da Língua Portuguesa e da Cultura）。2019年11月，联合国教科文组织正式批准将5月5日定为世界葡萄牙语日（Dia Mundial da Língua Portuguesa），葡萄牙语也因此成为历史上第一个不属于联合国官方工作语言却拥有专属语言日的语言。正如葡萄牙时任总理安东尼奥·科斯塔（António Costa）所言，这为"葡萄牙语成为全球认可的语言迈出了重要的一步"。他表示，"推广葡萄牙语是葡萄牙外交政策中的根本性优先考虑要素"。2021年第二届世界葡萄牙语日的庆祝活动中，在卡蒙斯学院等机构的牵头下，全球44个国家和地区举办了诗歌比赛、朗诵会、音乐会、电影或其他媒体放映展览、座谈会等150余场葡萄牙语日庆祝活动，形式丰富多样，在各国人民间搭起了一座葡萄牙语的桥梁。

近年来，随着对葡萄牙语需求的日益增长，葡萄牙语教学已不再局限于20世纪七八十年代那种由协会或教区组织的只面向特定群体的课程。如今，这一语言正通过不断扩大的国际网络传播到世界各地，并开始被纳入许多国家的基础、中等和高等教育课程之中。截至2022年，葡萄牙语教学机构遍布世界各地，欧洲、美洲、亚洲和非洲的葡萄牙语学习者数量均不断增加。截至同年，葡萄牙语已陆续出现在各大洲33个国家的教育系统中，这其中除欧洲一些邻近的国家外，还包括美国、墨西哥、乌拉圭、阿根廷和委内瑞拉等美洲国家，哈萨克斯坦、土耳其等亚洲国家，以及塞内加尔、阿尔及利亚等非洲国家。担任全球葡萄牙语教学和推广工作的卡蒙斯学院目前有超过11万名葡萄牙语学生登记在案，辅导教师超过900名，并呈继续增长的态势。在中国，葡萄牙语机构及学习者的数量在近年来也显著上升，我们将在后面进行具体阐述。

正如里斯本大学教授路易斯·雷托（Luís Reto）在其著作《葡萄牙语的经济潜力》(*Potencial Económico da Língua Portuguesa*)中所言，"当今的葡萄牙语正在从一种区域性语言演变为一种有效的全球交流语言"[29]。雷托还使用法国语言学家路易·让·卡维（Louis-Jean Calvet）首创的"卡维指标"（Barómetro de Calvet），对语言的重要性及影响力进行量化评估和分析。根据卡维指标，语言地位受12项参数影响，其中包括"将相关语言作为官方语言的国家数目以及该语言使用人口数""人类发展指数""维基百科上的文章数量""文学奖项的获得情况""大学建设情况"等因素。经卡维指标计算，葡萄牙语在全球所有语言中位列第七，这也反映出葡萄牙语是世界上最有影响力的语言之一，或如艾布拉姆·德斯旺（Abram de Swaan）所述，葡萄牙语是全球语言世界中有限的几种"超级中央语言"（língua supercentral）之一。

值得注意的是，几个世纪以来，葡语国家诞生了诸多伟人，并携手创造出一个众星璀璨的葡萄牙语文化世界，譬如葡萄牙大航海家达伽马和麦哲伦、葡萄牙伟大诗人卡蒙斯、葡萄牙首位获得诺贝尔文学奖的作家若泽·萨拉马戈（José Saramago）、葡萄牙知名艺术家保拉·雷戈（Paula Rego）、巴西作家和翻译家若热·阿马多（Jorge Amado）、巴西著名演员索尼娅·布拉加（Sônia Braga）、安哥拉独立后的首任总理安东尼奥·阿戈什蒂纽·内图（António Agostinho Neto）、莫桑比克最伟大的诗人若泽·克拉韦里尼亚（José Craveirinha）、东帝汶独立后的首任总理沙纳纳·古斯芒（Xanana Gusmão）、现任联合国秘书长的葡萄牙前总理安东尼奥·古特雷斯（António Guterres）等，他们均以各种各样的形式影响着全世界的政治、经济与文化，为世界创造出葡语国家文化身份所代表的宝贵财富和文化遗产。

今天，葡萄牙语在全球范围内扮演着重要角色，在国家、政府、个人层面启迪着人们的思想与灵感。它是一种全球语言，也是一种对话系统。它将使用葡萄牙语作为说话和思考工具的人们联合起来，并在国家与文化的发展中得到滋养和丰富。此外，葡萄牙语的影响力也体现在璀璨的葡语文学中：1998年，萨拉马戈获得诺贝尔文学奖，世界的目光由此而聚焦于这个大西洋沿岸的欧洲国家和它所使用的语言——葡萄牙语之上。

数个世纪以来，葡萄牙语在全世界的传播进程从未停止，其中最有突破性的尝试便是1990年《葡萄牙语正字法协定》的签署，因为它在一定程度上通过政治领域的介入力图推动各葡语国家间语言书写的统一化。尽管在许多人眼中，葡萄牙已不再是曾经那个驰骋四方的黄金帝国，现代葡萄牙语也相对失去了曾经的力量和威望，但我们深知，当一种语言能够覆盖四大洲八个国家时，它绝非仅仅是一种单纯的国际交流语言，而是具有值得我们分析的跨大陆和跨文化因素的语言。毫无疑问的是，从区区1 000万人口的葡萄牙，到超过2亿的葡语国家群体，葡萄牙以一己之力使卢济塔尼亚民族的语言使用人数扩张到其人口的二十多倍；因此所产生的大量财富、科学、技术和知识，以及在视觉艺术、文学、戏剧、电影、舞蹈和其他文化和体育等活动中展现出的无限创造力，均向我们展示着葡萄牙语磅礴的生命力。费尔南多·佩索阿曾在其最著名的作品《惶然录》中记录道，"Minha pátria é a língua portuguesa"（我的祖国是葡萄牙语）[30]。想必对于每一个葡语国家的人民来说，葡萄牙语的地位都是如此。

03
现代葡萄牙语的特点

如语言学家卡尔代拉所言,自18世纪至今,现代葡萄牙语语言本身并没有经历什么本质上的变化[2]86。不过,我们依旧可以通过文献记载观察到,一些较为典型的语言特点在18世纪后得到了巩固,并突出体现在语音、词法与句法以及词汇方面。

一、语音的演变

语音这一语言属性常常会根据语言使用者所处的地区分布、社会环境、年龄群体以及社会属性的不同而产生变化。在现代葡萄牙语中,这一特点尤为明显,并主要体现单词的元音发音方面,比如葡萄牙里斯本地区的民众习惯于将元音e的发音改为元音a的发音。其中,最为典型的情况便是当元音e出现在半元音[j]或腭辅音之前时,具体体现在以下几种语音组合中:

1)元音组合ei的发音从[ej]转化为[ɐj],例如将madeira(木头)读作mad[ɐj]ra,terceiro(第三)读作terc[ɐj]ro。[ɐj]的发音首先在里斯本出现,但起初并未得到广泛推广。尽管如此,这种发音习惯仍被纳入如今的葡萄牙语语言标准内。

2）鼻元音em的发音从[ẽj]转化为[ɐ̃j]。在古典葡萄牙语中，词尾位置的鼻二合元音-em的发音为[ẽj]，例如bem（好的）、tem（他/她有）等，而-ãe的发音则为[ɐ̃j]，例如mãe（母亲）、alemães（德国人）等。19世纪初，-em的发音与-ãe的发音开始趋向一致，均为[ɐ̃j]，即bem[bɐ̃j]、tem[tɐ̃j]等。这一现象同样被视为里斯本葡萄牙语（português lisboeta）的典型发音，并随后逐步扩展到整个葡萄牙领土。

3）在四个腭辅音——[ɲ]（书写为nh）、[ʎ]（书写为lh）、[ʒ]（书写为j或g）和[ʃ]（书写为ch或x）前，重读元音e的发音从[e]转变为[ɐ]，例如在单词venho（我来自）、espelho（镜子）、vejo（我看见）、fecho（关闭）中，元音e的发音均转变为[ɐ]，即v[ɐ]nho、esp[ɐ]lho、v[ɐ]jo、f[ɐ]cho。在里斯本，这一转变主要发生于19世纪：1883年，葡萄牙语音科学的创始人贡萨尔维斯·维亚纳观察到，几乎里斯本的所有人都习惯于将penha（山峰）说成p[ɐ]nha，lenha（木柴）说成l[ɐ]nha，且只有"algum caturra velho"（一些老顽固）才会将元音e的古老发音保留下来[31]。与前两种得到普及的语音变化不同，最后这个特点至今仍被视为里斯本独有的发音方式。

在辅音方面，辅音s的读音进一步完善，并基本形成如今欧洲葡萄牙语的辅音s读音系统。1746年，凡尔内在其著作《学习的真实方法》中指出，17世纪以来，葡萄牙人民就习惯于将出现在词尾的辅音s读作[ʃ]，而非先前的[s]，不仅辅音s，词尾的辅音z也应读作[ʃ]，而非先前的[z]。例如将gatos（猫）读作gato[ʃ]，noz（核桃）读作no[ʃ]等。另外，当辅音s出现在词中音节末尾时，其后不同类型的音节首字母将会影响该s的发音：若该首字母为清辅音，则s读作[ʃ]；若为浊辅音，则s读作[ʒ]。例如将custa

（花销）读作cu[ʃ]ta，cisne（天鹅）读作ci[ʒ]ne等[32]77-78。

辅音r也演化出了小舌音。古典葡萄牙语时期，葡萄牙语的辅音r只有两种发音：单击颤音（r brando），即舌尖轻弹一次，读作[r]；和多击颤音（r forte），即舌尖轻弹多次，读作[r]。例如caro（昂贵的）、três（数字三）、parte（部分）中的辅音r为单击颤音，carro（汽车）、ramo（分支）、tenro（温柔的）中的辅音r为多击颤音。这种规律一直持续到很近的年代，直到19世纪，现代葡萄牙语模仿法语，使得辅音r产生一种类似于法语中"呵"音的小舌音，读作[ʁ]，用以替代传统的多击颤音，深受人们追捧。同时，单击颤音则得以保留。1883年，维亚纳首次在里斯本记录下了这种新的小舌音，但是他起初只将其看作个人的语音习惯。1903年，这位语音学家再次观察到这个发音"像病毒般在城市中蔓延"[33]。如今，使用小舌音代替多击颤音的发音方式不仅在里斯本非常普遍，在葡萄牙其他地区也被广泛采用，不过仍有小部分地区更倾向于传统的多击颤音发音。

二、词法与句法的形成

在词法与句法方面，现代葡萄牙语中的物主代词需与定冠词配合使用，但在18世纪之前，物主代词前并没有添加冠词的习惯。例如，在前文出现的《阿丰索二世的遗嘱》节选中，我们可以看到大量诸如de mia morte（吾之死亡）、de mia alma（吾之灵魂）、de todo meus filios（吾之众子孙）的表述。而在卡蒙斯于16世纪创作的《卢济塔尼亚之歌》中，物主代词前定冠词的搭配仍未固定化：文中可以看到 "eram os seus mais certos refrigérios"[13]133（是为了安慰他不平的心灵）[14]148，"porque, se muito os nossos desejaram"[13]167（因为，即便葡萄牙人民渴盼）[14]152之类的

123

物主代词前出现定冠词的表达；也不乏未添加定冠词的表述，如"sendo tu tanto contra meu desejo"[13]61（你这样的与我的愿望作对）[14]61，"de teus anos colhendo doce fruto"[13]129（恬静地生活在心灵的幻觉中）[14]141等。直到18世纪，定冠词与物主代词的搭配才成为定式。例如在凡尔内的作品中，可以发现大量物主代词前添加定冠词的表述，诸如"conservar a sua língua pura"（保存其语言的纯洁性），"eram inseperáveis dos seus mestres gregos"（他们与他们的希腊老师密不可分），"estendiam o seu conhecimento para muitas outras coisas"（将他们的知识延伸到许多其他事情上）[32]28-29，足见这一语言变化的演化态势。

历史上，葡萄牙语非重读宾格人称代词（clítico）的位置常出现两种情况：代词前置和后置。比起其他语言时代，现代葡萄牙语中这一代词的位置以更为严格的方式固定了下来。例如，"若昂坐下了"这句话在现代葡萄牙语中最为规范的表达方式是使用代词后置，即"João sentou-se."，而在古典葡萄牙语时期则倾向于采用代词前置的语序进行表达，即"João se sentou."。可以说，古典葡萄牙语中普遍使用代词前置，如葡萄牙17世纪的著名作家弗朗西斯科·曼努埃尔·德梅洛就十分偏爱代词前置，其作品中代词前置的使用率甚至超过九成；而自18世纪起，葡萄牙人倾向于在句中将代词后置，例如代词前置的使用率在凡尔内的作品中已降至不到三成，且使用前置的情况通常要受制于语法规则的限制，例如在从句、否定句中，或动词前出现某些副词时。这些情况也基本形成了葡萄牙本国现代葡萄牙语的非重读宾格人称代词使用规则。不过，这一规则并未在巴西得到普及，因为在巴西葡萄牙语中，尤其是口语中，代词前置的情况十分普遍；只有在少数书面语中，人们才使用代词后置。

在时态和语态方面，一些时态几乎仅限于正式的书面语写作之中，例如将来时、简单先过时和条件式。此外，将来时在语态上的意义比时态上的意义更为强烈：例如"Será ele."这句话的重点在于体现事件发生的可能性极大，即"一定会是他"，与"Seria ele."（可能是他）相对，而非简单地表达"未来"概念。另一方面，虚拟语气十分流行。在现代葡萄牙语时代，即使是非正式的口语环境中，也需要正确地使用时态和语态。

语言的另一个变化出现在称谓方式（tratamento）方面。16世纪初，由于社会发展欠佳，人们的称谓方式也十分有限。18世纪以来，社会上才出现了诸如vossa graça（大人）、vossa excelência（阁下），或是在senhor（先生）、senhora（女士）后添加职业或头衔之类的称谓格式，并严格对应当时的社会规范，如o senhor doutor（医生先生）、o senhor engenheiro（工程师先生）等。在所有称呼中，最为常见的形式是vossa mercê。随着时间的推移，这两个单词受到语音侵蚀（erosão fonética）的影响，先是缩合成为voucê，最后形成você，表达"你"或"您"的含义。与此同时，语义也受到影响，逐渐失去了尊称的意义，并开始成为非正式的称呼词，表示"你"。自19世纪以来，为简化称谓方式，除在北方部分方言中以及在特别正式的场合表达尊称以外，第二人称复数的人称vós（你们）及其变位已经完全退出了一般的口语使用范围，并普遍使用第三人称复数人称vocês表达"你们"的意义。例如，"你们认为"这个短语在现代葡萄牙语中通常使用(vocês) acham进行表达，而非(vós) achais。

三、词汇的形成

18世纪以来，与所有欧洲语言一样，科技的发展大幅提升了葡萄牙语

125

词汇的丰富度，相当数量的术语均源自科技文明带来的新概念和新事物。为了定义这些新事物，人们有时会从现有的词库中寻找合适的单词来表示，有时也会从外语中借入新词。影响现代葡萄牙语词汇不断变化的因素主要有以下三个：外来词的借入（estrangeirismo）、新词的产生（neologismo）以及互联网对语言的影响。

外来词的借入指将其他语言的词引入葡萄牙语，具体引入方式分为单词的"葡语化"（aportuguesamento）和"非葡语化"（sem aportuguesamento）。前者指的是将相关外来词的发音和拼写赋予葡萄牙语的规则和特点，如abajur（灯罩）一词来自法语单词abat-jour，但因原形式与葡萄牙语相去甚远，故在尽量保留原有发音的前提下适当改变了其拼写方式。18世纪和19世纪，英国、法国和意大利凭借其强大的经济实力和文化输出深刻地影响了葡萄牙。正因如此，大量的英语、法语和意大利语单词被引入葡萄牙语词库，例如football（英语：足球）> futebol、film（英语：电影）> filme、taxi（法语：出租车）> táxi、hôtel（法语：旅馆）> hotel、spaghetti（意大利语：意大利面）> espaguete、sonata（意大利语：奏鸣曲）> sonata等。不过在大多数情况下，葡萄牙语会像其他罗曼语一样，根据概念的含义沿用希腊语或拉丁语的词根来构成新词，例如telemóvel（手机）、autocarro（公共汽车）、televisão（电视）等词。而"非葡语化"则基本能够保留单词的原始书写形式。大部分借入但未发生"葡语化"的单词是源自信息技术领域的相关术语，例如internet（互联网）、email（电子邮件）、online（在线）等。相对而言，大部分外来词进入葡萄牙语都要发生语音和书写方面的调整，非葡语化的单词只是少数。

新词指的是为语言中已存在的单词赋予新义，这些单词既可以源自本国语言，也可以源自其他语言。例如 comboio 一词原指"人、动物、交通工具的集群"，现在更为常用的含义为"火车"；câmara 原指"较小的房间/厅室"，如今则也有"相机"的含义；gato 原指动物中的"猫"，现在也有无线网络中"调制解调器"的含义等。

进入 21 世纪以来，互联网给语言，尤其是年轻人的语言带来了极大的影响。在快节奏的信息化时代，为更加方便快捷地交流，"互联网用语"（internetês）应运而生。这种用语主要通过减少单词字母数量、添加数字或字符来进行单词的缩写，从而创造一种非正式的简化书写方式，例如 também（也）>"tb"、aqui（这里）>"aki"、você（你）>"vc"等。

此外，自 18 世纪以来，现代葡萄牙语便分出了欧洲葡萄牙语、巴西葡萄牙语、非洲葡萄牙语等数种分支，我们将在后面的章节中进行详细阐述。

第六讲
当代葡萄牙语分支

因历史原因,葡萄牙语在南美、非洲等多个区域得到传播,因此,当代葡萄牙语拥有多个分支。虽然这些分支都来源于欧洲葡萄牙语,但受地缘等因素的影响,不同分支特点鲜明,有别于欧洲葡萄牙语。

01 ▶▷
欧洲葡萄牙语

欧洲葡萄牙语（português europeu），又称葡萄牙葡萄牙语（português de Portugal）、卢济塔尼亚葡萄牙语（português lusitano），或大陆葡萄牙语（português continental），缩写为pt-PT，是对葡萄牙人和世界各地葡萄牙移民所使用的葡萄牙语的总称。除巴西外，其他葡语国家均未建立独立的语言标准，因此便基本统一遵循欧洲葡萄牙语标准。此外，欧洲葡萄牙语也作为欧盟官方语言之一应用于大量欧洲官方网站及国际文本中。受整个20世纪发生的大规模移民影响，欧洲葡萄牙语在世界其他地区广泛使用，特别是在西班牙、瑞士、德国、法国、卢森堡、英国等欧洲国家，美国、加拿大、阿根廷等美洲国家，以及世界其他国家。根据2021年的人口普查，欧洲葡萄牙语使用总人数近8 000万，包括葡萄牙的近1 100万居民、亚洲和非洲葡语国家的约6 800万人口和世界各地的葡萄牙移民及其后代。

一、欧洲葡萄牙语的内部多样性——方言

所有自然语言都会根据其使用者的地理位置或社会地位的变化而产生

各式各样的语言变体,语言学上将这些语言变体称为"方言"(dialetos)。自其诞生以来,欧洲葡萄牙语的方言区域便一直维持着相对稳定的状态:中世纪以来,葡萄牙西北部受古时行政区划、基督教会组织的延续等因素影响而保持着稳定和密集的人口,相对古老和保守的语言群体得以保留,群体方言间有一定的差异性;中南部则出现了民族和语言大融合的盛景——来自北方和西方的原伊比利亚半岛血脉重新扎根在这片曾隶属于摩尔人的殖民区,各自的语言变体融合在一起,彼此对交流的渴望促进了语言间的去差异化和创新。

中世纪时期葡萄牙领土的方言主要由北部的北方方言区和南部的中南部方言区组成。其中,受北方加利西亚方言区(área dos dialetos galegos)的影响,葡萄牙北部方言呈现出与加利西亚方言区类似的语言特点,如辅音组合ch读作[tʃ],书写为tch,辅音s读作[ʃ],书写为x,以及不区分辅音b/v的现象等。而中南部方言并没有继承这些特点;相反,中南部方言在双元音的发音上具有一定的创新性,具体体现在将双元音ou[ow]缩减为单元音[o],例如mouro(摩尔人)和moro(我居住)的发音相同,均为m[o]ro,双元音ei[ej]也出现了单音化变化,例如单词dinheiro(金钱)的发音为dinh[e]ro。不过这一变化并未得到广泛流传,比如在里斯本地区,为保留ei双元音,人们将[ej]转化为[ɐj],即dinh[ɐj]ro。

近现代时期,方言学蓬勃发展。在古时多个方言区域划分的基础上,莱特·德瓦斯孔塞洛斯、派瓦·博莱奥(Paiva Boléo)和林德利·辛特拉等知名语言学家依据不同区域的语音和词法特性,归纳出欧洲葡萄牙语的方言特点,并将葡萄牙领土从北至南划分出三个方言区域,即北部方言(dialetos portugueses setentrionais)、中南部方言(dialetos portugueses centro-meridionais），以及起源于中南部方言的群岛方言（dialetos portugueses insulares）。其中，北部方言分布在葡萄牙东北部，由后山－上米尼奥方言（dialetos transmontanos alto-minhotos）以及下米尼奥－杜罗－贝拉方言（dialetos baixo-minhotos-durienses-beirões）组成，波尔图地区即属于这一方言区；中南部方言由中部沿海方言（dialetos centro litoral）和内陆及南方方言（dialetos do centro interior e do sul）组成，涵盖科英布拉、莱里亚、里斯本、阿尔加维等区域；群岛方言在本质上与中部沿海方言趋于一致，包括马德拉群岛和亚速尔群岛地区方言。

对于群岛方言而言，当葡萄牙语在亚速尔群岛和马德拉群岛域内传播时，这一阶段的语言已基本以中南部方言作为规范。即便如此，在多种因素的集合作用下，群岛方言仍具备一定的特殊性：一方面，两座群岛与世隔绝的地理位置使其保留了许多大陆本土语言中已经消失的语言特征；另一方面，群岛方言的自我创新也从未停止，主要体现为一些音素的腭音化现象，例如将元音u发为[ü]音，如将muro（高墙）读作m[ü]ro，或是将辅音l腭化为lh的发音，如将grilo（蟋蟀）读作gri[ʎ]o的特有变化等。

尽管数种方言的地位相对平等，但在官方层面，仍必须存在一种"有文化的规范"（norma culta），即一种威望极高的语法标准，它通常是那些教育水平较高的人群所使用的语法规则的集合。根据一些学者的说法，标准的欧洲葡萄牙语是在里斯本－科英布拉地区受教育阶层的语言使用习惯的基础上构成的，不过也有一些语言学家认为"标准葡萄牙语"（português-
-padrão）是一种里斯本区域受教育人群使用的中南部方言。18世纪后，葡萄牙人从众多方言中选择了埃斯特拉马杜拉省（Estremadura）[1]的方言，尤其是里斯本地区的葡萄牙王室口音，将其作为葡萄牙的语言规范，用于各种官方文件、学术文章和作品、法律文件等，并通过教学手段或印刷品等传播媒介辐射到全国。在部分音素的发音上，葡萄牙人民常倾向于听从来自埃斯特拉马杜拉省（Estremadura）的那些更有文化且巧言令色的人，而非来自其他地方的人[32]78。19世纪末，尽管语言学家维亚纳承认，在"王国中心、科英布拉和里斯本之间"存在所谓的"语言平均标准"（padrão médio）[34]，但最终，这位学者还是按照里斯本的发音习惯来描述欧洲葡萄牙语的"参考发音"（pronúncia referencial）或"正字发音"（pronúncia ortográfica）。

二、欧洲葡萄牙语的整体语言特点

尽管欧洲葡萄牙语方言具有一定的多样性，但数种方言间仍具有很大的同一性，一位南部葡萄牙人理解一位北方人或群岛居民所说的话不会有任何困难。不过，倘若与葡萄牙语的另一个重要分支——巴西葡萄牙语相比，欧洲葡萄牙语依旧有一系列较为鲜明的特点，包括语音、书写以及词法和句法等方面。

在语音方面，欧洲葡萄牙语最为典型的一个特点便是非重读元音系统的削弱（redução vocálica átona）。该过程源自非重读元音的央元音化（centralização），即非重读元音发声时口腔开合程度的增大或缩小，使得这个元音最终维持到一个居中位置，并随之产生语音强度和音节持续时间

---

1 埃斯特拉马杜拉省的出现始于中世纪，但19世纪被撤销。18世纪时，该省主要包括当时的里斯本、塞图巴尔、圣塔伦以及莱里亚。

的减弱。例如：

——元音a：非重读的元音a开口程度缩小，弱化为[ɐ]音素。如casa（家）的发音为[cazɐ]，其中重读元音a的发音为[a]，非重读元音a的发音为[ɐ]，并不相同。

——元音o：非重读的元音o弱化为[u]音素。如arcaico（古代的）的词尾发音为[u]。

——元音e：非重读的元音e弱化为[ɨ]音素。如ponte（桥）的词尾发音为[ɨ]。

值得注意的是，元音e的弱化是分为两步进行的：首先，e弱化成为最弱的[i]音素，形成pont[i]；随后，人们适当恢复了该音素的强度，欧洲葡萄牙语独有的非重读元音e的第二种读音[ɨ]就此诞生，即pont[ɨ]。而巴西葡萄牙语变体中则并未出现第二步语音变化，只是保留了[i]音素。尽管人们缺乏直接的书面证据来确定这一系列现象产生的实际年代，但通过分析葡萄牙语各个时期的文本拼写以及与巴西葡萄牙语中元音系统的对比，我们大致可以确定这一现象大约发生在18世纪，即在葡萄牙语于巴西落地生根后发生。

到了现代时期，葡萄牙人有了新的语音习惯，即在语音表达中只拼读重读元音，并几乎将非重读元音完全消除。实际上，早在两个世纪以前，欧洲葡萄牙语的元音系统便呈现出一种加强辅音强度，削弱甚至几乎完全省略非重读元音读音的倾向，例如将esperar（等待）读作[ʃprar]，省略所有的非重读元音e，并形成复杂的辅音群。而与此同时，巴西葡萄牙语中非重读元音的发音则清晰可见。可以说这种省略非重读元音读音的现象，是欧洲葡萄牙语最重要和最引人注目的语音特点之一，这使得欧洲葡萄牙语在语音上以一种明显的方式区别于巴西葡萄牙语和其他伊比利亚罗曼语，如加利西亚语、卡斯蒂利亚语等。

此外，欧洲葡萄牙语元音系统的另一个重要特点便是当单词重音落在最后一个音节，且结尾元音为a、e、o、ei、oi或eu时，需要在这类元音上添加重音符号，如sofá（沙发）、café（咖啡）、avó（奶奶、外婆）、pastéis（糕点）、herói（英雄）、céu（天空）等。而当单词重音落在倒数第二或第三音节，且重音音节为开元音时，也需要添加重音符号，如bónus（额外奖励）、higiénico（卫生的）、económico（经济）、fenómeno（现象）。这一点与巴西葡萄牙语有所不同：在巴西葡萄牙语中，重音符号被闭音符号所替代，上述单词分别拼写为bônus、higiênico、econômico、fenômeno。

在词法和句法方面，使用"a+不定式"表达进行时态的规范在欧洲葡萄牙语中十分普遍。曾经，特茹河（Tejo）以南的葡萄牙人更偏爱使用动名词表达正在进行的动作，例如"Estou fazendo um trabalho."（我在做一份工作）。不过，随着媒体的出现，"a+不定式"的结构于20世纪上半叶在全国范围内变得更受欢迎，即"Estou a fazer um trabalho."（我在做一份工作）。而在巴西葡萄牙语中，一直都以动名词形式表达进行时态。

在称呼方面，欧洲葡萄牙语习惯使用第二人称单数人称代词tu表示较为亲密的"你"，并使用相关变位表示与"你"有关的行为动作，例如"Tu andas muito distraído nas aulas."（你上课时注意力不集中），抑或是"Andas a tirar a carta de condução?"（你在考驾驶执照吗？）。而在巴西葡萄牙语中，第二人称单数的变位几乎完全消失，这一特点也将在下一节进行详细阐述。

02 ▶▷
巴西葡萄牙语

巴西葡萄牙语（português brasileiro），又称海外葡萄牙语（português ultramarino）或巴西的葡萄牙语（português do Brasil），缩写为 pt-BR，用以指代居住在巴西境内外超2亿人口使用的葡萄牙语变体。这也意味着，巴西葡萄牙语是世界上使用人数最多的葡萄牙语变体，其使用人数是起源于葡萄牙的欧洲葡萄牙语使用者人数的数十倍。鉴于巴西在各类国际经济组织中的重要性，巴西葡萄牙语已成为多数南美国家以及包括美国、日本和一些欧洲国家在内的巴西主要经济伙伴的葡萄牙语教学语言，也为20世纪以来葡萄牙语全球影响力的提升作出了很大的贡献。

一、错综复杂的发展历程

1500年4月22日，葡萄牙航海家卡布拉尔因航线偏差，偶然发现了巴西大陆，便迅速以国王曼努埃尔一世的名义占领了这片土地。1532年，为增加殖民地人口，并驱逐其他欧洲国家入侵者，时任国王若昂三世委派探险家马丁·阿丰索·德索萨（Martim Afonso de Sousa）指挥葡萄牙在巴西的首次以殖民化为目标的探险活动，正式开启了葡萄牙对新属地的殖民历程。1549年，曼努埃尔·达诺布雷加神父（Padre Manuel da Nóbrega）和若泽·德安谢塔神父（Padre José de Anchieta）带领的6人耶稣会传教团首次抵达巴西。除基督教的教义和信仰外，随之而至的还有他们的语言——葡萄牙语。

事实上，在葡萄牙人到达之前，约有1 500种不同的土著语言分布在这片土地上，其中占据主导地位的是印第安民族使用的图皮语（língua tupi）及其分支。因分布广泛，使用人数众多，图皮语也获得了"大教堂语言"（língua basílica）的称号。经过对多种图皮语的长期研究，旅居巴西近50年的德安谢塔神父于1595年撰写并出版了《巴西沿海地区最为常用语言的语法技巧》（Arte de Gramática da Língua Mais Usada na Costa do Brasil）一书，并在图皮语的基础上混合部分葡萄牙语和卡斯蒂利亚语单词，创造了一种更加商业化，因而也更加通用的图皮语——恩嘎图语（língua nheengatu）。

与此同时，17世纪初，巴西涌现出一批被称为"先锋旗手"（bandeirantes）的探险者，他们绝大部分来自圣保罗（São Paulo），大多是欧洲殖民者，尤其是葡萄牙殖民者的第一或第二代后裔，他们使用的语言是一种叫作"圣保罗普通语"（língua geral paulista）的图皮语。随着先锋旗手们探险旅程的深入，圣保罗普通语也逐渐渗透进巴西内陆。可以说，正是恩嘎图语和圣保罗普通语这两种图皮语言的分支构成了巴西的"普通语"（língua geral），其使用者遍布16世纪和17世纪的整个巴西殖民体系。在很长一段时间里，葡萄牙语和普通语同为巴西境内的交流语言。

17世纪末，先锋旗手们成功穿越南美洲大陆，并发现了大量黄金和钻石资源。巴西拥有巨大财富的喜讯很快传到了葡萄牙王室耳边。大量葡萄牙移民接踵而至，巴西当地的葡萄牙语使用者人数大幅上升，逐渐超过普通语的使用者。不过，葡萄牙语使用群体仍比较固定，主要还是阶级地位较高的葡萄牙移民及其后裔。与此同时，葡萄牙人的甘蔗种植园产业在巴西发展得如火如荼，对劳动力的强烈需求大幅刺激了非洲奴隶贸易，非洲语言开始逐步进入巴西的语言体系。

18世纪中期，远在欧洲的葡萄牙正经历着从古典葡萄牙语向现代葡萄牙语过渡的不定时期，而巴西作为葡萄牙当时最为重要的海外属地也少不了经历一番波澜。1758年8月17日，庞巴尔侯爵正式将巴西的官方语言定为葡萄牙语，并禁止普通语的使用。1759年，耶稣会士被驱逐出境，普通语彻底失去了其原有的地位，只留下一定数量的单词，保留在巴西人的日常口语和地名中。而此时巴西的葡萄牙语已拥有了一些独立的、区别于欧洲葡萄牙语的特点。1767年，语言学家蒙特·卡梅洛（Monte Carmelo）首次指出，巴西葡萄牙语具有独特的语音特征，即不区分重读与非重读元音的口腔开合度，这也是人们首次将巴西葡萄牙语的具体语音特征记录下来。1822年，葡萄牙语言学家热罗尼莫·苏亚雷斯·巴尔博扎（Jerónimo Soares Barbosa）的作品中出现了对该语音特征的补充，表示巴西人有将词中的元音e弱化为[i]的习惯，例如将menino（男孩）说成m[i]nino，将me deu（给我）说成m[i] deu；且巴西人不说[ʃ]音，而是将mistério（神秘）说成mi[s]tério，将livros novos（新书）说成livro[s] novo[s]等[35]。

受法国入侵葡萄牙影响，1808年，葡萄牙布拉甘萨王室迁宫巴西，定都里约热内卢（Rio de Janeiro）。当时，受先锋旗手的影响，里约热内卢流行的口音仍和圣保罗口音一致。而葡萄牙王室的到来则重新为当地带来了卢济塔尼亚文化的影响，在语言上体现为将里约口音葡萄牙化，即"再卢济塔尼亚化"（relusitanização）。这也是为什么里约热内卢的巴西葡萄牙语发音与欧洲葡萄牙语最为相似，均含有发[ʃ]音的辅音 s，重读与非重读元音有一定的口腔开合度差异等。

1822 年，巴西宣布独立，欧洲移民再次蜂拥而入。短短几代人的时间里，巴西就在城市化和工业化的浪潮下完成了人口和经济的爆炸式增长，并最终形成圣保罗和里约热内卢两个巨型城市，以及阿雷格里港（Porto Alegre）、贝洛奥里藏特（Belo Horizonte）、萨尔瓦多（Salvador）、累西腓（Recife）和福塔莱萨（Fortaleza）等大型城市。

与欧洲葡萄牙语类似，巴西葡萄牙语也受制于地理分布、人文背景等多种因素，并产生了一定的语言多样性，我们称之为巴西方言（dialetos brasileiros）或巴西口音（sotaques brasileiros）。相比于葡萄牙，巴西口音的种类更加丰富多样，其中使用人数最多的包括巴伊亚口音（baiano）、巴西利亚口音（brasiliense）、里约热内卢口音（carioca）、圣保罗口音（paulistano）等。相对而言，作为全国经济和媒体中心，圣保罗和里约热内卢口音在全国范围内的接受度和使用度都很高，也更为外国人所熟知。

值得注意的是，巴西还存在一种"中性方言"（dialeto neutro），也被称为"标准口音"（sotaque padrão）或"国家新闻口音"（sotaque do Jornal Nacional）。它同样属于巴西葡萄牙语的一种变体，结合了各地口音的语言特征，一般用于电视新闻、电视剧、电影、配音或互联网节目等各类媒体中。

二、独具一格的语言特性

有学者认为，巴西葡萄牙语的语法建立于 19 世纪，并使之成为一种新式的、区别于欧洲葡萄牙语的语言。纵观葡萄牙语的发展历程，我们不难发现，巴西葡萄牙语最为显著的一些特点均体现在语音方面，具体如下：

首先，在元音系统方面，如今的巴西葡萄牙语中元音 i 和 u 的发音与欧洲葡萄牙语完全一致。而对于元音 a、o 和 e 而言，如果处于重读音节，也基本与欧洲葡萄牙语差异不大。倘若这三个元音处于词尾非重读音节，元音 a 和 o 的发音规则与欧洲葡萄牙语相通，通常读作口腔开合度更低的 [ɐ]、[u]，例如 bola（球）> bol[ɐ]、gato（猫）> gat[u]，词尾 e 的发音则大为不同，通常读作 [i]，例如 fome（饥饿）> fom[i]。倘若这三个元音处在重读元音的前一个音节，则通常读作口腔开合度更大的 [a]、[o]、[e]，例如 amigo（朋友）> [a]migo、correr（跑步）> c[o]rrer、regar（浇灌）> r[e]gar。而在欧洲葡萄牙语中，非重读音节一般均倾向于采用口腔开合度更低的闭音进行发音。

巴西葡萄牙语继承了不少土著语言的语言特点，其中影响最为深远的非鼻音莫属。当元音（尤其是开元音）后出现 [n] 或 [m] 音素时，这个元音通常会鼻音化。例如，"和谐的"一词在巴西葡萄牙语中写作 harmônico，读作 harm[õ]nico；而在欧洲葡萄牙语中写作 harmónico，读作 harm[ɔ]-nico。除元音的鼻音化外，辅音也受到了一定的影响，如在巴西大部分地区，辅音组合 nh 被鼻音化为 [ɲ̃]，而该组合前出现的元音同样会发生鼻音化。例如，manhãzinha（早晨）一词在巴西鼻音化现象非常明显，发 [mɐ̃ɲ̃ɐ̃zĩɲ̃ɐ] 音；而在欧洲葡萄牙语中，nh 组合的发音为 [ɲ]，该单词发音则为 [mɐɲɐ̃zɪɲɐ]。

对于辅音系统来说，辅音 d/t 的腭音化现象或许是巴西葡萄牙语最为鲜明的语音特点之一，主要体现在当 d/t 与 [i] 音结合时，两辅音分别读作 [dʒ] 和 [tʃ]，如 tarde（下午）> tar[dʒi]、presidente（总统）> presiden[tʃi]，而

139

这两个词在葡萄牙则分别读作tar[dɨ]和presiden[ti]。多数学者认为辅音d/t的腭音化现象起源于里约热内卢，不过现如今，这种发音亦成为贝洛奥里藏特和萨尔瓦多等许多城市的语言规范。而那些不保留腭音[di]和[ti]的地区主要位于巴西的东北部和南部，前者受欧洲葡萄牙语影响较深，后者则主要是意大利和西班牙移民及其后裔的聚居区，同样缺乏d/t腭音化的语音历史基础。

在巴西大部分地区，词尾或清辅音前的辅音s和z均发[s]音，如custo（花销）> cu[s]to、vez（次数）> ve[s]等，在浊辅音前，辅音s和z则发[z]音，如desde（自从）>de[z]de。上述三个单词在欧洲葡萄牙语中则发[ʃ]和[ʒ]音：cu[ʃ]to、ve[ʃ]、de[ʒ]de。

此外，当辅音r位于音节末尾时，常被弱化为小舌音[ʁ]，如falar（说话）> fala[ʁ]、marca（标记）> ma[ʁ]ca。相对而言，除圣保罗、圣卡塔里娜（Santa Catarina）和南里奥格兰德（Rio Grande de Sul）等州之外，这个语音现象在巴西非常普遍；而上述地区受葡萄牙、意大利、德国等欧洲移民的影响较大，在保留欧洲葡萄牙语中单击颤音[ɾ]的基础上，添加了些许地区特色，形成了类似中文"儿化音"的音素。

当辅音l位于单词末尾时，其发音通常与欧洲葡萄牙语有所不同。最普遍的读法为半元音[w]，如animal（动物）> anima[w]。此时，副词mal（坏地）和形容词mau（坏的）之间的语音区别消失了，均为ma[w]。只有巴西最南部的地区还保留着欧洲葡萄牙语的[ɫ]音素，即anima[ɫ]。当辅音l在词尾时，某些区域甚至会将其发音完全省略，如general（将军）> generá、coronel（上校）> coroné等。而当辅音l出现在单词内的音节末尾时，也有巴西人将其按照辅音r的发音读作单击颤音[ɾ]，如alto（高的）>

a[ɾ]to、volta（回归）> vo[ɾ]ta等。

  在书写方面，巴西葡萄牙语que、qui、gue和gui中的字母u在不发音时保持u的书写不变，而在发[w]音时则书写为ü。该规则在1990年各葡语国家签署新正字法协定前一直适用于各类单词中，如发音为ling[w]ística的lingüística（语言学）、发音为conseq[w]ência的conseqüência（结果）等。虽然新正字法一直到2009年和2016年才分别在葡萄牙和巴西正式生效，但协定早前就规定，除专有名词及其衍生词外，上述四个组合中的字母u无论是否发音，均不再写为ü。因此，诸如lingüistica和conseqüência之类的普通名词均须改为linguística和consequência；而外来词及其衍生词可以保持不变，例如Müller（穆勒）、Bündchen（邦辰）等。

  在词法和句法方面，前文已经提到了巴西葡萄牙语与欧洲葡萄牙语的部分不同，例如：巴西葡萄牙语倾向于使用代词前置，如"Roupa suja se lava em casa."[1]等；又或者在使用物主代词时，常省略与之搭配的定冠词，如meu filho（我的儿子）、sua mãe（您的母亲）等用法在口语中十分常见。

  而在称呼方面，巴西在表达第二人称时与葡萄牙的差异较大。在巴西葡萄牙语中，除正式场合和表示尊敬外，você（你/您）是一个可以面向任何人使用的万能称谓，其代表的第三人称单数变位也成为表示"你/您"有关动作的主流用法，而第二人称单数的变位形式几近消失。此举简化了巴西葡萄牙语的变位系统，但也使得在使用第三人称变位时，人们很难确定其主语。因此，尽管很多时候葡萄牙语使用者可根据谓语动词的变位形式

---

[1] 这句话是巴西的一句谚语，中文大意为"脏衣服应该在家里洗"，有"家丑不可外扬"的含义。

判断句子的主语，从而在表达中省略该主语，但巴西葡萄牙语的使用者经常会在句中添加主语，采用"Você acha..."（你认为……）、"Você sabe..."（你知道……）这类句型，目的就是便于人们识别主语，提高句意所指的准确性。而尽管第二人称单数变位基本不再使用，其对应的宾格人称代词 te 仍被高频使用，如"Te deu."（他给你）、"Te amo."（我爱你）等，表示动作的对象涉及"你/您"。

  在很多情况下，巴西葡萄牙语口语中常用的词法和句法都存在一定的"错误"，例如：1）巴西许多地区习惯于将 tu（你）与第三人称单数变位连接，如 tu foi（你去了）、tu estuda（你学习）；2）在使用直接宾格人称代词时，巴西人常使用 ele(s) 和 ela(s) 代替 o(s) 和 a(s) 表示"他/她"的含义，如 mandei ele entrar > mandei-o entrar（我让他进来）；3）在 levantar-se（起床）、sentar-se（坐下）、mudar-se（移动）、deitar-se（躺下）等反身动词的应用中，巴西东南部和南部习惯于将反身代词省略，如用 eu lembro 代替 eu me lembro（我记得），或用 eu deito 代替 eu me deito（我睡觉）；4）在其他动词变位方面，我们经常看到巴西人对各种时态的省略——如不使用将来时、条件式和有人称不定式等，且在同一时态中的变位也十分"精简"。例如，对于动词 dever（应该）的陈述式现在时变位，人们除了在表达第一人称单数的"我应该"和第三人称单数的"你/他应该"时正确地使用 eu devo 和 você/ele deve 进行搭配，在表达第一人称复数"我们应该"和第三人称复数"你们/他们应该"时，也均使用这一动词的第三人称单数变位 deve 进行搭配，即 nós deve 和 eles deve；5）在性数配合中常出现不一致的情况，如 as casa（这些家）、estes boi（这些牛）、meus amigo（我的朋友们）、mil cruzeiro（一千克鲁塞罗）等。

在词汇方面，巴西葡萄牙语在其历史发展过程中融入了大量本地土著语言以及外来语言，如图皮-瓜拉尼语、非洲语言、法语、卡斯蒂利亚语、意大利语、德语、英语等。其中，土著语言的影响相对来说最为深远，不仅为葡萄牙语贡献了大量动植物和蔬果相关的单词，如mandioca（木薯）、maracujá（西番莲）、abacaxi（菠萝）、caju（腰果）、capivara（水豚）等，也影响了巴西许多地名，例如我们常见的词缀pará（即rio grande，意为"大河"）、panema（即amarelo，意为"黄色的"）、ita（即pedra，意为"石头"）等均来自图皮-瓜拉尼语，它们可以构成代表地名的专有名词，如Paraíba（帕拉伊巴，意为"河流遗迹"）、Ipanema（伊帕内马，意为"黄色的河"）、Itabira（伊塔比拉，意为"升起的石子"）等。

除土著语言外，也有其他语言，尤其是英语，通过各种形式影响了巴西葡萄牙语的单词构成，这也造就了巴西和葡萄牙在部分用词选择上的差异。受篇幅所限，下表仅选取了部分语义领域的单词进行对比，如电子信息、衣食住行等。

表6-1 巴西葡萄牙语与欧洲葡萄牙语的部分单词差异

词语类别	巴西葡萄牙语	欧洲葡萄牙语	中文释义
电子信息	arquivo (de computador)	ficheiro	电脑文件
	mouse	rato	鼠标
	tela	ecrã	屏幕
食物	café da manhã	pequeno-almoço	早餐
	sorvete	gelado	冰激凌

续　表

词语类别	巴西葡萄牙语	欧洲葡萄牙语	中文释义
公共交通	ônibus	autocarro	公交车
	metrô	metro/metropolitano	地铁
	bonde	elétrico	电车
	trem	comboio	火车
服饰	camisola	camisa de dormir	睡衣
	maiô	fato de banho	泳衣
其他	câncer	cancro	癌症
	Papai Noel	Pai Natal	圣诞老人
	carteira de identidade	bilhete de identidade	身份证

03
非洲葡萄牙语

非洲葡萄牙语（português na África），是对在多个非洲国家使用的葡萄牙语变体的总称，主要包括安哥拉葡萄牙语、莫桑比克葡萄牙语、佛得角葡萄牙语、几内亚比绍葡萄牙语以及圣多美和普林西比葡萄牙语。上述五个国家组成了多元语言文化的国家集合体——"非洲葡萄牙语国家"（Países Africanos de Língua Oficial Portuguesa，缩写为PALOPs）。与法语和英语相似，葡萄牙语在非洲具有重要的战略地位，是非洲联盟（União Africana）、东部和南部非洲共同市场（Mercado Comum da África Oriental e Austral）、萨赫勒—撒哈拉国家共同体（Comunidade dos Estados do Sahel-Sara）等多个非洲发展共同体的官方语言之一。

一、殖民时代与葡萄牙语

15世纪下半叶，葡萄牙人在西非海岸的港口建立了贸易站。同一世纪末，葡萄牙航海家迪亚士抵达好望角，并成为首位成功绕过好望角的欧洲航海家，非洲东海岸的殖民时代也就此开启。面对陌生的葡萄牙人，部分非洲人开始学习葡萄牙语。在实际使用过程中，新语言受到本土底层语言的影响，逐渐产生了一种被称为"皮钦语"（pidgin）[1]的混合语言，成为非洲当地人民与葡萄牙殖民者的交流语言。最初皮钦语拥有初级的语法和有限的单词数量，而当儿童将皮钦语作为母语开始学习时，它便开始获得一种特有的复杂性和稳定性，语法和词汇也随之逐渐丰富，最终发展成为"克里奥尔语"[2]。

尽管克里奥尔语起源于葡萄牙语，但却与其"祖先"相去甚远。受不同本土语言的影响，非洲不同国家的克里奥尔语各有不同，其中使用最为广泛的是佛得角克里奥尔语（kauberdianu）、几内亚比绍克里奥尔语（kriol）、圣多美克里奥尔语（forro）和普林西比克里奥尔语（lunguyê）等。在上述国家，葡萄牙语与克里奥尔语等当地语言共存，并在诸多方面受到克里奥尔语的影响，这也是造成非洲葡萄牙语具备许多不同于其他分支的语言特性的原因。

二、当代多样化的非洲葡萄牙语

1974年4月25日，葡萄牙爆发了世界上最为和平的军事政变——康乃馨革命（Revolução dos Cravos），葡萄牙海外省的独立身份得到了承认，非洲数国的反殖民斗争终于取得胜利；几内亚比绍、莫桑比克、佛得角、圣多美和普林西比以及安哥拉相继宣布独立，成立了共和国。在各国独立之前，葡萄牙殖民者曾强制将欧洲葡萄牙语规定为殖民地公共生活中的语

---

1 皮钦语又称"接触语言"（língua de contacto），通常是在两种或多种语言混合的背景下自发形成的语言产物。值得注意的是，pidgin一词可能来自英文单词business（贸易）的中文发音。18世纪和19世纪，在我国广州也曾诞生过一种用于贸易的"皮钦英语"（inglês pidgin），由中文、英语和葡萄牙语混合而成。
2 除葡萄牙语外，英语、法语等欧洲语言均曾在非洲、中美洲和南美洲等地与当地语言混合，从而产生不同的克里奥尔语。本文只探讨源自葡萄牙语的克里奥尔语。

言规范。无论是语法书籍、词典还是教科书和语言参考资料，均来自葡萄牙。因此，直到如今，欧洲葡萄牙语的语言标准仍对各国葡萄牙语的发展具有一定的约束力。尽管如此，由于非洲葡萄牙语国家众多，各个国家原有语言种类繁杂，每个非洲国家的葡萄牙语仍呈现出一系列独有的语言特点，并在整体上与欧洲葡萄牙语有一定的差异。下面，我们将分别对组成非洲葡萄牙语的五种变体进行阐述，具体如下：

1）莫桑比克葡萄牙语（português moçambicano）

葡萄牙语是莫桑比克共和国唯一的官方语言。然而，据联合国最新的人口统计调查显示，仅有17%的莫桑比克人将葡萄牙语作为母语使用，将其作为第二语言的人口比率也低于65%。事实上，尽管莫桑比克政府已推出了一系列的教育政策以推动葡萄牙语的普及，但以葡萄牙语为母语的人口仍大多分布于那些教育资源丰富的城市地区。绝大多数莫桑比克平民的母语仍为马库阿语（macua）、聪加语（tsonga）和洛美语（lómue）等属于班图语支（línguas bantas）的非洲本土语言。正因如此，班图语也成为影响莫桑比克葡萄牙语最重要的语言因素。

在语音方面，受班图语影响，莫桑比克葡萄牙语常在单词的元音音节中添加鼻音，如convite（邀请函）> conv[ĩ]te、economia（经济）> [ẽ]conomia等。而以马库阿语为母语的人还常将浊辅音发为清辅音，将清辅音发为送气音，如dedo（手指）> [t]e[t]o、casa（家）> [kʰ]asa等。此外，莫桑比克葡萄牙语与巴西的葡萄牙语有许多相似之处，例如当元音e处在单词末尾时读作[i]，tarde（下午）> tard[i]，当辅音r处在单词末尾时常省略其读音，如estar（是、在）> está等。

在句法方面，班图语为莫桑比克葡萄牙语提供了一些"错误"的语言范式，与欧洲葡萄牙语中规定的语言规范相悖，具体如下表所示：

表6-2　莫桑比克葡萄牙语的部分句法特点

"错误"类型	莫桑比克葡萄牙语表达	欧洲葡萄牙语表达	中文释义
谓语动词与主语不一致	O presidente afirmou que não sei. Muitos já não respeita a tradição.	O presidente afirmou que não sabia. Muitos já não respeitam a tradição.	总统表示他不清楚。 许多人已经不再尊重传统。
名词与形容词的单复数不一致	Rituais religioso só conheço um.	Rituais religiosos só conheço um.	我只知道一个宗教仪式。
错误使用有人称不定式	Os alunos quiseram fazerem o trabalho em dois dias. Os chefes deviam criarem melhores condições para todos.	Os alunos quiseram fazer o trabalho em dois dias. Os chefes deviam criar melhores condições para todos.	学生们想在两天内完成这项工作。 领导们应该为所有人创造更好的条件。
错误使用物主代词	Você não tinha nada que falar, porque ele não é teu irmão.	Você não tinha nada que falar, porque ele não é o seu irmão.	你什么都不需要说，因为他不是你的兄弟。

在词汇方面，莫桑比克葡萄牙语吸收了大量来自班图语的单词，其中大部分都与传统文化有关，多用于命名传统菜肴、日常用具、民俗仪式等，如下表所示：

表6-3 源自班图语的莫桑比克葡萄牙语例词

莫桑比克葡萄牙语	欧洲葡萄牙语	中文释义
txopela	motocicleta	摩托
txova	carinho de mão	手推车
dumba-nengue	mercado informal	街边摊
lobolo	dote	嫁妆
matapa	prato feito com folhas de mandioca	木薯叶做的菜
djimar	fazer ginástica	锻炼
mahala	gratuito	免费的

2）安哥拉葡萄牙语（português angolano）

在所有非洲国家中，安哥拉是以葡萄牙语为母语的人口比例最高的国家：近3 503万居民中，约有71.15%的人使用葡萄牙语，因此也是世界上葡萄牙语人口第二多的国家，仅次于巴西。

安哥拉葡萄牙语主要受当地土著语言，尤其是金本杜语（kimbundu）的显著影响，因此与标准的欧洲葡萄牙语规范有所不同。在语音方面，由于金本杜语没有辅音r的相关音素，因此安哥拉葡萄牙语也常出现辅音r和l读音混乱的情况，例如：arroz（大米）> a[ɫ]oz、cerveja（啤酒）> ce[ɫ]veja，alguma（有些）> a[ɾ]guma、algarismo（数位）> a[ɾ]garismo等。安哥拉葡萄牙语还常在词首辅音前插入一个鼻辅音音素，使得单词预鼻音化（pré-nasalização），如在辅音d前插入鼻辅音[n]：dobrar（双倍化）> [n]dobrar、dois（两个）> [n]dois等。

在句法方面，安哥拉葡萄牙语在名词直接/间接补语的使用上与欧洲葡

149

萄牙语有所不同。例如安哥拉人常使用"Posso gritar, lhe prendem."（我可以大喊，然后人们抓住他）/ "Eu lhe vi deitado."（我看到他躺着）的用法，但在欧洲葡萄牙语中这种用法并不能被接受，正确的用法应为"Posso gritar e prendem-no." / "Eu vi-o deitado."。另外，由于金本杜语习惯于通过定冠词单复数表示名词词组的单复数，而非在词尾标注单复数，因此安哥拉葡萄牙语中也会出现一些与语言规范稍有偏离的现象，如 as criança（孩子们），而非欧洲葡萄牙语中规定的 as crianças。

在词汇方面，多数学者认为，金本杜语为安哥拉葡萄牙语提供了丰富的动词和名词词源，这也使得安哥拉葡萄牙语与欧洲葡萄牙语存在一定差异。具体例词可见下表：

表6-4 受金本杜语影响的安哥拉葡萄牙语例词

金本杜语	安哥拉葡萄牙语	欧洲葡萄牙语	中文释义
kubanza	banzar	refletir, pensar	反思、思考
kukoxila	cochilar	dormitar	睡眠
kasula	caçula	filho/a, irmã/o, mais novo/a	子女、弟弟或妹妹
kambuta	cambuta	anão, de pequeno porte	矮人、体型小的人
ndenge	ndengue	indivíduo de idade inferior, criança	未成年者、儿童

3）佛得角葡萄牙语（português cabo-verdiano）

佛得角克里奥尔语是几乎所有佛得角人民的母语，不过仅限在日常情境中使用；而葡萄牙语作为佛得角的官方语言则更为正式，主要运用于行政管理、教育教学、媒体新闻和外交关系领域。

在语音方面，佛得角葡萄牙语与欧洲葡萄牙相当接近。不过在面对词首的非重读元音e时，佛得角人有时将其读为[e]，有时为[i]，与欧洲葡萄牙语唯一的[i]音有所差异。尤其在面对emita（第三人称单数命令式变位，发射）/imita（模仿）、emigrante（移居外国的人）/imigrante（外来移民）等形近词时，佛得角葡萄牙语能够较好地区分它们的发音。

在句法方面，佛得角葡萄牙语的语法规则基本与欧洲葡萄牙语保持一致，只在某些方面受克里奥尔语的影响而有所不同。例如，佛得角葡萄牙语中的tu表示亲密、熟悉的第二人称关系，而você和o senhor/a senhora对应的含义几乎一致，均表示尊称"您"。但在欧洲葡萄牙语中，você和o senhor（先生）/a senhora（女士）代表着不同层次的亲密关系和尊重程度：você的距离感和上下级等级感较强，主要在一些非正式场合出现，甚至部分葡萄牙人认为você这一称呼带有冒犯的意味；相较而言，o senhor和a senhora的受众及运用场合更为广泛，既可以在正式场合作为"您"的含义使用，又可以在日常生活中称呼陌生的成年男性或成年女性，以此表达对对方的尊重。

另外，由于佛得角克里奥尔语中缺乏专门表达"将来时"的动词变位，只是偶尔使用助动词ir（去）来表达，因此在佛得角葡萄牙语中，将来时也由"ir+动词不定式"这一结构进行表达，如在表达"我将要做某事"时，常使用eu vou fazer的表述，而非欧洲葡萄牙语中常用的eu farei这一简单将来时变位。除将来时外，佛得角葡萄牙语在其他时态的变位也常出现各类错误，如póssamos（动词poder的第一人称复数虚拟式现在时变位，意为"我们能够"，在欧洲葡萄牙语中为possamos）、tu fizestes（意为"你过去做过

151

某事",在欧洲葡语中为tu fizeste)、tu hades fazer(意为"你应当做某事",在欧洲葡语中为tu hás de fazer)、dei-te a ti(意为"我把某物给了你",在欧洲葡语中为dei-te),但这些均不会被佛得角人视为"语法错误"。此外,缺乏定冠词也是佛得角克里奥尔语的一大特点。因此,佛得角人在使用葡萄牙语时也很少使用冠词,如Pedro foi("佩德罗去了"),而非o Pedro foi。

在词汇方面,佛得角葡萄牙语深受克里奥尔语和巴西葡萄牙语的影响,例如在接电话时常使用巴西葡萄牙语中的alô(喂),而非欧洲葡萄牙语中的estou/está。其中,estou常被视为estou aqui的简短表达方式,即"我在这里";está与estou的意义相同,均表示接电话者正在线的含义。其他具体例词如下表所示:

表6-5 佛得角葡萄牙语例词

佛得角葡萄牙语表达	欧洲葡萄牙语表达	中文释义
tchota	pardal	麻雀
passarinha	martim-pescador	翠鸟
mancarra	amendoim	花生
malagueta*	piripíri	辣椒
calabaceira	baobá	猴面包树
violão*	guitarra	吉他
gaita	acordeão	手风琴
bandeja*	tabuleiro	托盘

注:
*表示这一表达同样在巴西葡萄牙语中适用。

4）几内亚比绍葡萄牙语（português guineense）

据《葡萄牙语言国际期刊》（*Revista Internacional em Língua Portuguesa*）网站[1]显示，截至2021年，约有90%的几内亚比绍人使用克里奥尔语或本土非洲方言；以葡萄牙语为母语的人比例极低，只有不到15%的人能够熟练运用葡萄牙语。这一现象与法语国家在几内亚比绍所在区域的地缘优势不无关系，因此也有人认为，法语是当下几内亚比绍的第二大语言，仅次于克里奥尔语。

5）圣多美和普林西比葡萄牙语（português são-tomense）

圣多美和普林西比有98.2%的人以葡萄牙语为母语，是当地使用人数最多的官方语言。而在20世纪，成千上万的佛得角移民进入圣多美和普林西比，因此佛得角克里奥尔语也得以在当地广泛流传。2006年11月17日，圣多美和普林西比成为继巴西和佛得角之后第三个批准1990年《正字法协定》及相关修改议定书的国家。不过，该国实际上仍以1945年的《正字法协定》作为语言标准，至今为止尚未正式执行1990年《正字法协定》。当地使用的葡萄牙语在语言学诸多方面留有一些古老欧洲葡萄牙语的特点，不过在发音、语法和句法上与巴西葡萄牙语颇为相似。

---

1 Ciro Lopes da Silva e Pascoal Jorge Sampa, "A Língua Portuguesa na Guiné-Bissau: Influência do Crioulo e a Identidade Cultural no Português," Revista International Em Língua Portuguesa 31 (2021): 231–247, consultado em 25 de setembro, 2022, doi: 10.31492/2184-2043. RILP2017.31.

第七讲
▼
外来语对葡萄牙语的影响

葡萄牙历史上和多个国家、民族有过交集，这些国家和民族的语言也对葡萄牙语产生了深远的影响。影响最大的非阿拉伯语、法语和英语莫属，葡萄牙语的词汇里经常可以找到这些语言及其特有文化所留下的踪迹。

01 ▶▷
阿拉伯语对葡萄牙语的影响

纵观阿拉伯人占据伊比利亚半岛的五百多年历史，无论是在天文地理、农业生产等科技硬实力方面，还是在建筑艺术、文学创作等文化软实力方面，他们均为半岛留下了不可磨灭的文化遗产和历史印记。而其中最为瞩目的当属阿拉伯语对伊比利亚半岛语言词汇产生的影响。其原因在于，阿拉伯人为半岛引入了先进的科学技术和生产工具以及这些新概念、新物件的阿拉伯语名称。随着时间的推移，大部分阿拉伯语单词彻底融入了当地人的日常生活之中，并内化成为当地语言的一部分。

对于葡萄牙而言，尽管摩尔人及其语言早在15世纪便已式微，并由于16世纪中期宗教裁判所的建立而被彻底驱逐和肃清，但阿拉伯语的影响仍一直存续于葡萄牙语内部，并绵延至今。例如葡萄牙语中使用率极高的感叹词oxalá，便是来源于阿拉伯语读音wa xā llāh或in xā llāh，原义为"如果真主愿意"，在葡萄牙语中则表示"强烈希望（某事能够发生）"；此外，葡萄牙语中最常用的打招呼用语olá（你好）同样来自阿拉伯语wa llāh，表示"真主""祝愿"等含义。

倘若带有"异教"含义的单词都能经历时代的洗礼而留存于语言中，那么大量非宗教性质的普通词语对当地语言产生影响就更不足为奇了。正如当代葡萄牙语言学家阿达尔贝尔托·阿尔维斯（Adalberto Alves）所述，葡萄牙语从（葡萄牙）那些深受穆斯林文化影响的土地上汲取了丰富的阿拉伯语词汇。相较于始终与法国接壤的西班牙，葡萄牙地势的独特性使得那些古老的阿拉伯语词汇在葡萄牙语中得到更好的保存[36]。举例来说，在《葡萄牙语中的阿拉伯语表达方式词典》(*Dicionário de Arabismos da Língua Portuguesa*)中，阿尔维斯表示，卡斯蒂利亚语受阿拉伯语影响的单词数量约为4 000个，而葡萄牙语中受阿拉伯语影响的单词数量则接近2万[37]23。按照这位语言学家的说法，阿拉伯语对葡萄牙语的影响，除了那些以"明显可见的"方式直接通过外来词的借入转化为葡萄牙语的阿拉伯语单词外，更需要考虑那些"潜入"葡萄牙语中的阿拉伯语单词，即通过自身独有的单词属性影响葡萄牙语词形构成的情况[37]17。

首先，我们常看到葡萄牙语中有许多名词带有前缀al或a，如alcântara（石桥）、alferes（骑士）、almofada（软垫）等。通常而言，这类单词均来自阿拉伯语，al为阿拉伯语中的定冠词，相当于葡萄牙语中的定冠词o或a，al后面的部分则对应阿拉伯语中的名词。

倘若进一步观察，我们不难发现，前缀al后常常跟有辅音字母c、d、f、m等，却很难看到z、r、s、t等辅音的身影。这一现象并非巧合，而是与阿拉伯语的语言特性有关。根据不同辅音发音的特性，阿拉伯语将其辅音系统分为两种类型：一类被称为"太阳辅音"（consoante solar），发音相对拗口；另一类则属于"月亮辅音"（consoante lunar），发音更为轻松。

当名词首字母是太阳辅音时，定冠词al的词首元音a保持不变，辅音l

则被同化为与太阳辅音相同的发音，并在进入葡萄牙语后缩合为一个辅音字母。举例而言，azeite（橄榄油）一词在阿拉伯语中为al-zeite，但由于z属于太阳辅音，因此该单词在阿拉伯语中的发音为azzeite，并最终在葡萄牙语中缩略成为azeite。除辅音z外，常见的太阳辅音还有r、s、t、th、n等。太阳辅音的存在为葡萄牙语提供了大量词首为a的单词，例如azulejo（瓷砖）< al-zuléidj、açorda（葡式面包汤）< al-thorda、atalaia（守望塔）< al-talāia等。而这也是为什么在葡萄牙语中几乎没有al后首字母为辅音z、r、s、t等的单词的原因。

而当名词首字母是月亮辅音时，情况则更为简单。定冠词al的发音和书写不会产生任何变化，并完整地保留在葡萄牙语中，形成了前文提到的带有al前缀的单词：alcântara < al-qanṭarâ、alferes < al-fāris、almofada < al-muḥaddâ。阿拉伯语中常见的月亮辅音为b、c(k)、d、f、g、h、m、q等，所以我们也经常可以看到al后面出现这些辅音的葡萄牙语单词。

值得注意的是，一些不符合葡萄牙语发音规则的阿拉伯语辅音字母并没有直接进入葡萄牙语，而是替换成了其他字母。例如，尽管辅音h（及kh）在阿拉伯语中属月亮辅音，但由于在葡萄牙语中，字母h不发音，倘若直接使用h或kh则无法表达正确的读音，因此在进入葡萄牙语时该辅音便转化成为字母f，如alfazema（薰衣草）< al-khuzâma、alface（生菜）< al-khassa等等。

其次，除了以al/a开头的单词外，以x或enx开头的葡萄牙语单词也常源自阿拉伯语，而以i、im、il或aque结尾的葡萄牙语单词同样暗示着它们拥有阿拉伯语祖先，具体例词如下表所示：

表7-1　部分源自阿拉伯语的词缀及例词

词缀类型	葡萄牙语例词	阿拉伯语来源	中文释义
x-	xadrez xarope	xatrandj xarāb	象棋 糖浆
enx-	enxaqueca enxoval	ax-xaqiqa ax-xawār	偏头痛 嫁妆
-i	javali mufti	djabalī muft	野猪 便服
-im	alecrim cetim	al-iklīl zaitūnī	迷迭香 绸缎
-il	anil	al-nīl	靛蓝色
-aque	almanaque	al-manākh	年历

曾经游历过葡萄牙或是熟悉葡萄牙的读者必定了解，如今葡萄牙的南部境内仍保留着阿拉伯人入侵时期留下的大量历史遗迹。除了白墙红瓦和摩尔式城堡，葡萄牙人也将许多阿拉伯语地名一并保留下来。例如，蒙德古河以南的诸多地名均源自阿拉伯语，主要表现为以al/a、ode/guad、ben为前缀的单词。其中，除前文已作解释的al/a前缀外，ode源自阿拉伯语读音wad，意为"河流"，在葡萄牙语中也常用guad表示；ben在阿拉伯语中表示"是某人的儿子"之意，用在地名学中也可以用来指代"某地"。一些较为人们所熟知的地名及其起源如下表所示：

表7-2　源自阿拉伯语的葡萄牙语地名例词

前缀类型	地名例词	地名中文译名	阿拉伯语来源	阿拉伯语含义
al/a	Alfama	阿尔法玛	Al-hamma	喷泉或浴室
	Algarve	阿尔加维	Al-garb	西部或太阳落下的地方
	Arrábida	阿拉比达	Al-râbita	礼拜堂
	Aveiro	阿威罗	Al-warâî	撤退的人
ode	Odemira	奥德米拉	Wademir	控制河流的地方
	Odeceixe	奥德塞什	Wadiseixo	激流之河
guad	Guadiana	瓜迪亚纳	Wadianna	泪水之河
	Guadalupe	瓜达卢珀	Wadillubb	饿狼之河
ben	Bensafrim	本萨弗林	Bensaḥârîn	瘦削之人的儿子
	Benafim	伯纳芬	Benfiqa	高挑女人的儿子

葡萄牙语的部分姓名中同样可以寻见阿拉伯语的痕迹，其中许多是现代葡萄牙人的常用名，例如Leonor（莱昂诺尔）< Li an-Nur（来自光明的）、Almeida（阿尔梅达）< Al-maida（桌子）、Fátima（法蒂玛）< Faatima（先知穆罕默德其中一个女儿的名字）等，以及Abel（阿贝尔）< Abul（是某人的父亲）、Albuquerque（阿尔布开克）< Abu-l-qurq（来自软木橡树的）、Bordalo（博尔达罗）< Badala（丰富的）等都经常作为姓

159

氏出现。

值得一提的是，阿拉伯语对葡萄牙语的影响并不局限于葡萄牙境内。莫桑比克国内流通的官方货币"梅蒂卡尔"在葡萄牙语中书写为metical，而该词便来自阿拉伯语单词mitqāl，表示"一单位的重量"。此外，莫桑比克的国家名称Moçambique同样与阿拉伯语不无关联：在进入殖民时代前，莫桑比克的首位首领是一名叫作穆萨·本·比克（Mussa Ibn Bique）的阿拉伯人。葡萄牙人到达后，为纪念这位曾经的首领，便将莫桑比克地区称为"穆萨·本·比克领土"（Terras de Mussa Ibn Bique）。时过境迁，为了提高沟通效率，这一串冗长的名字最终得到简化，成为了如今的Moçambique。

可以说，阿拉伯语的影响已渗透至葡萄牙人民生活的方方面面。大到国土建设、小到吃穿用度的相关词语，均不难看到阿拉伯语的身影，而受篇幅所限，本文难以一一尽数。因此，以下选取部分常见领域（如军事、职业、食品等）中源自阿拉伯语的葡萄牙语例词进行简要列举：

表7-3 部分常见领域中源自阿拉伯语的葡萄牙语例词

词语类别	葡萄牙语例词	阿拉伯语来源	中文释义
行政	aldeia alfândega	al-dayha al-fandaqa	村庄 海关
军事	arsenal aldeia armazém	al-sināha al-daiá al-makhzan	军火库 村庄 仓库
建筑	alcácer açoteia axinhaga	al-qasr al-suteyha al-zinaiqa	堡垒 天台 小巷

续 表

词语类别	葡萄牙语例词	阿拉伯语来源	中文释义
食品	tâmara açúcar álcool arroz	tamara al-sukkar al-kohol al-ruzz	椰枣 糖 酒精 大米
职业	alfaiate almoxarife	al-ḥayyât al-muxarif	裁缝 国库管理员
科学	algebra algarismo	al-jabr al-kawarizmi	代数 数位
农业	algodão alfarroba azenha	al-kutun al-harruba al-sāniya	棉花 角豆荚 水磨
医学	álcali	al-qalyi	碱
其他	alfinete alcatifa	al-ḥilâl al-qatifa	大头针 厚地毯

02 ▶▷
法语对葡萄牙语的影响

作为对葡萄牙语词汇贡献最大的外来语言之一，法语对葡萄牙语的影响源远流长。事实上，从国家层面上来看，法国与葡萄牙的历史渊源远比人们想象得悠久；毫不夸张地说，法国及法语的身影近乎贯穿在葡萄牙整个的国家发展史，而这一切都还要从12世纪初葡萄牙的建国说起。

尽管阿拉伯人对伊比利亚半岛的统治和影响长达数个世纪，但伊比利亚本土基督教政权的抗争几乎从未停止过。为尽快建立起属于自己的政权，基督徒向罗马教廷请求外援，并引起了法国卡佩王朝（Dinastia de Capetiana）的注意。作为卡佩王朝勃艮第家族（Casa de Borgonha）的小儿子，恩里克（Henrique de Borgonha）[1]本无机会继承家族财富或头衔，但他却在半岛纷飞的战火中嗅到了一丝机遇。11世纪末，恩里克抵达伊比利亚半岛，成功帮助莱昂国王阿丰索六世征服了加利西亚王国。作为回报，阿丰索六世不仅将自己的私生女——莱昂王国的特蕾莎（Teresa de Leão）

---

[1] 在法语中，该名称的对应译法为"亨利"。

许配给恩里克，还在1096年将波图卡莱（即葡萄牙领地）作为封地赐予这对新婚夫妇，后面的故事我们并不陌生：恩里克去世后，其子阿丰索·恩里克斯继承父亲的爵位，于1112年成为葡萄牙领地的伯爵，并于1140年自封为"葡萄牙人民的国王"（Rei dos Portugueses）。正是如此，恩里克斯带领葡萄牙首次成为独立于莱昂王国而存在的国家，并开启了葡萄牙的第一个王朝——勃艮第王朝（Dinastia de Borgonha），一个具有部分"法国血统"的葡萄牙就此诞生。

随着时间推移，葡法两国均在各自的领土发展壮大。早期，由于缺乏文字记载，且两国均未完全形成独立于拉丁语的语言，语言间的相互影响也难有确切的考证。直到加利西亚-葡萄牙语时期，两国语言和文字均逐渐成形，法语对葡萄牙语的影响方进入语言学家的视线。根据保罗·泰西耶的说法[20]29，一方面，勃艮第王朝本就是法国王族后裔，另一方面，在11世纪，先有法国克吕尼修会（Ordem de Cluny），后有熙笃会（Ordem de Cister），都大力进行修道院革新运动，葡萄牙也同样深受影响。在克吕尼修会和熙笃会精神的指引下，大量法国人抵达葡萄牙，葡萄牙王室也将大量精力投入到修道院的建设工程中，如阿尔科巴萨修道院，便是葡萄牙现存最大的修道院，也是熙笃会最大的修道院之一。此外，在文学方面，葡萄牙流行的游吟诗文学也受到法国普罗旺斯抒情诗的强烈影响。这些因素均直接或间接地促进了法语和普罗旺斯语对加利西亚-葡萄牙语的影响，主要体现在大量术语渗透进加利西亚-葡萄牙语，导致加利西亚-葡萄牙语词汇中产生了一定的"法语化"（francesismo）[1]现象，具体例词如下：

---

1 法语化，又称高卢化（galicismo），指其他语言借入或模仿法语词语用以表达的现象。

表7-4 法语和普罗旺斯语对加利西亚-葡萄牙语的影响

加利西亚-葡萄牙语例词	法语/普罗旺斯语来源	现代葡萄牙语表述	中文释义
dama	dame	dama	夫人
preste	prestre	padre	神父
maison	maison	casa	房子
daian	deiin（现为doyen）	reitor	校长
greu	greu	difícil	艰难的
manjar	manger	manjar	进食
rouxinol	rossinhol	rouxinol	夜莺
talan	talan	talante	意志、愿望
freire	fraire	freire	修士
cobra	cobla	copla	诗歌中的"段落"
trobador	trobador	trovador	游吟诗人

中世纪葡萄牙语时期，葡萄牙人民族意识的觉醒使外来语言对葡萄牙语的影响较小。直到黄金时代落下帷幕，西班牙哈布斯堡家族掌权，外来语言的影响才卷土重来，如17世纪在西班牙语影响下而出现的双语制。但自18世纪起，随着葡萄牙王室重新夺回政权，西班牙语便不再扮演第二语言的角色，转而由法语行使这一职能。其原因在于，在法国大革命进步思潮的催化下，法国的文学书籍与哲学思想成为热点，法语及法国文化也随之成为彰显个人学识的重要途径。另外，风靡欧洲的法国时尚也为葡萄牙

带来了大量相关词语：无论是chapéu（帽子）< chapel、blusa（上衣）< blouse等新式服饰，还是ruge（胭脂）< rouge、vitrina（橱窗）< vitrine等新潮物品，均是当时随法国风尚流入葡萄牙上流社会的相关词语。

到了19世纪，法国军队入侵葡萄牙，再次强化了法语在葡萄牙的地位。直到第二次世界大战及战后，法国在政治、经济和文化等方面逐渐式微，法语的输出式影响才落下帷幕。而纵观整个历史时期，语言学家发现，由于法语对葡萄牙语的影响根深蒂固，以至于有些源自法语的单词难以被发觉，尤其是那些因其意义的特殊性或普适性而在数个世纪以前便被引入葡萄牙语的单词。例如，许多人可能会将desmanchar（拆散）一词与mancha（污点）联系起来，认为前者是由后者添加前缀des而形成的；但事实上，该词直接来自法语démancher，表示"拆解、弄乱"之意。类似的情况还有动词desdenhar（轻视）及其名词形式desdém，均分别来自法语单词dédaigner和dédain，而并非是前缀des与某些词根的组合词。

但是，总体而言，法语对葡萄牙语词汇的影响还是有迹可循的。例如，在现代葡萄牙语中，许多以agem或ete结尾的葡萄牙语单词均来自法语。通常而言，agem这一词尾来自法语名词词尾age，如coragem（勇气）< courage、garagem（车库）< garage、bagagem（行李）< bagage等。有趣的是，在法语中，绝大多数以age结尾的单词均是阳性，例如以上列举的三个单词；而在葡萄牙语中，agem则是十分明显的阴性名词词尾。而葡萄牙语里的词尾ete源自法语名词词尾ette，既可以表示"女性的"，也有"指小词"的含义，如garçonete（女侍者）< garçonette、baguete（法棍面包）< baguette等。

在人名方面，法语对葡萄牙语也有一定的影响。如在葡萄牙十分常见

165

的男名Luís（路易斯），就源自法语名Louis；相较而言，葡萄牙女性对源自法语的名字则并没有那么青睐，如法语女名Jehnane和Vivienne等在进入葡萄牙语后变为Janete（雅内特）和Viviana（维维安娜）。

除在葡萄牙外，法语在巴西也同样彰显出其重要性。巴西语言学家兼作家爱德华·卡洛斯·佩雷拉（Eduardo Carlos Pereira）曾在其著作《阐述性语法》（*Gramática Expositiva*）中提到，"许多法语化单词已完全融入我们的语言中，以至于我们未曾考虑过它们的法语来源，如audacioso（胆大的）< audacieux、bom-tom（教养）< bon-ton、comportamento（行为）< comportement、ponto de vista（观点）< point de vue、nuança（色彩）< nuance等"[38]。另外，在词语的选择方面，人们有时会倾向于选择一些源自法语的单词，而非选用纯正的葡萄牙语（português vernáculo）[1]单词进行表达，部分例词如下表所示：

表7-5 部分受法语影响的葡萄牙语与纯正的葡萄牙语表述对比

受法语影响的葡萄牙语	法语来源	纯正的葡萄牙语表述	中文释义
chance	chance	oportunidade	机会
abordar	aborder	tratar de um assunto	处理某事
comité/comitê	comité	junta, comissão, conselho	委员会
eclosão	éclosion	aparecimento	出现
marcante	marquante	notável, ilustre	卓越的

---

1 纯正的葡萄牙语，指的是源自本国的、未受到外来语语音、词汇或句法影响的语言。

续表

受法语影响的葡萄牙语	法语来源	纯正的葡萄牙语表述	中文释义
renomado	renommé	famoso, célebre	出色的
revanche	revanche	vingança	复仇
constatar	constater	verificar	确认

当然，除以上提到的例子外，葡萄牙语中受到法语影响的单词还有很多。以下将选择部分语义领域的单词进行简要列举，具体如下表所示：

表7-6 部分常见领域中源自法语的葡萄牙语例词

词语类别	葡萄牙语例词	法语来源	中文释义
美食	baguete	baguette	法棍面包
	bufete/bufê	buffet	自助餐
	champanha/champanhe	champagne	香槟
	croissant	croissant	羊角面包
	croquete	croquette	薯饼
	filete	filet	鱼排
	maionese	mayonnaise	蛋黄酱
	menu	menu	菜单
	omelete	omelette	蛋饼
	puré/purê	purée	土豆泥
	suflê	soufflé	舒芙蕾

167

续 表

词语类别	葡萄牙语例词	法语来源	中文释义
时装服饰	batom	baton	口红
	bijutaria	bijouterie	珠宝
	boutique	boutique	精品商店
	croché/crochê	crochet	钩编
	echarpe	écharpe	围巾
	lingerie	lingerie	内衣
	maquilhagem/maquiagem	maquillage	化妆品
	moda	mode	时尚
	tricô	tricot	针织
	pronto-a-vestir*	prêt-à-porter	成衣
	camuflagem	camouflage	伪装、迷彩服
	chique	chic	时尚的
日常用品	écrã*	écran	屏幕
	abajur	abat-jour	灯罩
	bidé/bidê	bidet	坐浴盆
	carnê**	carnet	笔记本
	crepom	crépon	纱、绸
	cupão/cupom	coupon	优惠券
	dossiê	dossier	文件夹
	marionete	marionnette	傀儡
地点	ateliê	atelier	工作室/工作坊
	avenida	avenue	大道

168

续 表

词语类别	葡萄牙语例词	法语来源	中文释义
地点	cabine	cabine	舱
	garagem	garage	车库
	guichê	guichet	售票处
	toalete**	toilette	厕所
颜色	bege	beige	米色
	bordeaux	bordeaux	波尔多色
	marrom	marron	栗色
体育	balé	ballet	芭蕾舞
	pivô	pivot	枢轴
	raquete	raquette	球拍
其他	rés-do-chão*	rez-de-chaussée	一楼
	rendevu**	rendez-vous	房屋出租
	avalanche	avalanche	雪崩
	chefe	chef	大厨
	déjà-vu	déjà-vu	似曾相识的感觉
其他	garçom	garçon	男侍者
	metrô	métro	地铁
	patoá	patois	土话
	chaminé	cheminée	烟囱

注：
* 表示只在欧洲葡萄牙语中出现的表达。
** 表示只在巴西葡萄牙语中出现的表达。

03
英语对葡萄牙语的影响

　　1373年，葡萄牙第一王朝的最后一任国王费尔南多一世与英国国王爱德华三世（Eduardo III）签订了《1373年英葡条约》(*Tratado Anglo--Português de 1373*)。自此诞生了世界上仍行之有效的最古老的外交联盟——"英葡同盟"，葡英两国长达数个世纪的外交情谊也就此拉开序幕。起初，同盟条约内容比较宽泛，并未强调过多的细节。随着葡萄牙王朝更迭，英国支持的阿维斯家族登上王座，葡萄牙重新与英国缔约确立两国同盟，并于1386年签订《温莎条约》，这标志着两国的同盟关系在军事、外交、经济等方面得到具体的确认。在接下来的数个世纪里，这份同盟条约历经数次修订，而两国也成功将这份世界上最为久远的友邦关系维护至今。

　　政治层面的友好互利也为两国的经济交流提供了坚实保障。从古至今，英葡两国一直在商贸层面合作紧密。而早在两国签订同盟条约20年前的1353年，葡萄牙波尔图市就与英国伦敦市签署了一项《睦邻友好条约》(*Tratado de Boa Vizinhança*)，主要界定了两国水域的和平往来关系。随着历史推移，大量英国人移民至葡萄牙，并在里斯本和波尔图设立了许多重要的贸易站（Feitoria）。值得注意的是，18世纪的英国每年都需从葡萄牙进口大量的葡萄酒、橄榄油以及水果，而长途运输中产品的保鲜问题总是令人苦恼。一次偶然机会让英国商人发现，在葡萄酒中加入高度烈酒既可以延长保质期，又能为美酒增添一种迷人的风味，而这也正是葡萄牙的特色葡萄酒——波特酒（Vinho do Porto）的起源。可以说，波特酒的诞生和风靡，很大程度上都应归功于18世纪英国人在英葡贸易中作出的贡献。

尽管葡英两国拥有无可比拟的"亲密"关系，两国人民也在经济活动中互惠互利，但有趣的是，自中世纪以来，英语从未成为影响葡萄牙语发展的主要外来语言。直到现代，尤其是二战后，美国迅速崛起并使英语成为全球通用的语言后，现代葡萄牙语中才出现大量的"英语化"（angliscismo）[1]单词。20世纪后期，英美两国愈发成为国际金融与贸易领域的中心，大量贸易领域的词语随之进入现代葡萄牙语的词库中，如marketing（营销）、franchising（特许经营）等。而21世纪互联网的普及更加促进了欧美文化，尤其是音乐、影视、电子产品以及电子游戏的成功输出，使得各类英语单词大量出现在人们的生活环境中，并逐渐被纳入葡萄牙语使用者的词库。其中，有些进入葡萄牙语的英语单词使用频率较高，人们便在尽量保留其原发音的基础上适当调整单词拼写，使其符合葡萄牙语的语音和书写规则，有时甚至还将部分单词纳入葡萄牙语词典中。部分具体例词如下表所示：

1　英语化，主要是指其他语言借入或模仿英语词用以表达的现象。

表7-7 从英语引入后发生一定词形变化的葡萄牙语例词

葡萄牙语单词	英语单词	中文释义
bife	beef	牛排
sanduíche	sandwich	三明治
basquetebol	basketball	篮球
andebol	handball	手球
beisebol/basebol	baseball	棒球
futebol	football	足球
voleibol	volleyball	排球
ténis/tênis	tennis	网球
serendipidade	serendipity	偶然的幸运发现
cardigã	cardigan	开襟毛衣
táxi	taxi	出租车

值得注意的是，葡萄牙和巴西的国民运动——"足球"被写进了表格。事实上，足球这项运动及其名称的确是由一些前往英国学习的葡萄牙青年引入葡萄牙的。19世纪末期，马德拉群岛出现葡萄牙首个足球场地；而一个世纪后，这里诞生了葡萄牙历史上最伟大的球员之一，克里斯蒂亚诺·罗纳尔多（Cristiano Ronaldo），葡萄牙的足球事业也因此迎来了历史性高峰。

可以说，无论是欧洲葡萄牙语还是巴西葡萄牙语，都吸收了相当数量的英语单词。如果说，某个英语单词在葡萄牙语中存在对应词，巴西人则会更偏爱直接使用英语单词，或是将英语单词"葡语化"，即为其"套上"葡萄牙语拼写规则的"外衣"；而欧洲葡萄牙语则通常会使用更为纯正的葡萄牙语。举例而言，在表达"删除""消除"之意时，巴西主要使用的是deletar一词，源自英语单词delete，而在葡萄牙则偏向于使用apagar；表达"检查"之意时，巴西东南部地区偏向选择checar一词，源自英语单词check，而在纯正葡萄牙语中则会使用verificar；源自英语单词print的printar一词在巴西也常替代欧洲葡萄牙语中的imprimir（打印），不过该词主要使用于信息技术领域，日常生活中接受度较低。在日常生活中，巴西人去购物的时候常说ir ao shopping，而非欧洲葡萄牙语中的fazer compras；更喜欢将"奶昔"称为milk shake而非leite batido；甚至是在表达感情时，人们也会用meu feeling（我的情感）而非o meu sentido等等。此类例词还有很多，以下将简要选择部分词语进行对比，如：

表7-8 部分领域中巴西葡萄牙语与欧洲葡萄牙语的使用单词对比

词语类别	巴西葡萄牙语	欧洲葡萄牙语	英语来源	中文释义
信息技术	browser	navegador	browser	浏览器
	mouse	rato	mouse	鼠标
	play	reproduzir, tocar	play	播放
	cartoon	animado	cartoon	卡通动画片
日常生活	cowboy	vaqueiro	cowboy	牛仔
	pub	bar, cervejaria	pub	酒吧
	rib	costela	rib	肋骨
	shopping center	centro de compras/centro comercial	shopping center	购物中心
	laundry	lavandaria	laundry	洗衣店

续 表

词语类别	巴西葡萄牙语	欧洲葡萄牙语	英语来源	中文释义
经济活动	briefing	instruções	briefing	详细指示
	target	público-alvo	target	目标受众
	ranking	classificação	ranking	排名
	budget	verba	budget	预算

不过，如果在葡萄牙语中很难找到这些英语单词所对应的葡萄牙语单词，或是缺乏能够准确翻译这些英语单词的术语，那么无论是欧洲葡萄牙语还是巴西葡萄牙语，均会选择更为简单的方式，即照搬英语单词的拼写，将其化为己有，直接借用外来语。这一类单词通常出现在信息技术、经济商贸活动、饮食、运动术语等领域，其拼写特点之一便是大量使用 k、w 和 y 等传统意义上的外来字母，如 cookie（网页缓存）、waffle（华夫饼）、yoga（瑜伽）等。部分领域的例词如下表所示：

表 7-9 直接从英语引入而未发生词形变化的葡萄牙语例词

词语类别	例　词	中　文　释　义
信息技术	backup	备份
	chip	芯片
	e-mail	电子邮件
	homepage	主页
	input/output	输入/输出

续 表

词语类别	例 词	中 文 释 义
信息技术	internet	互联网
	on-line/off-line	在线/离线
	scanner	扫描仪
	site	网站
	software	软件
	tablet	平板电脑
	website	网站
商贸活动	check-in	登记入住/登机
	check-out	退房/离开
	feedback	反馈
	lobby	大堂
	merchandising	推销
	performance	业绩
	ranking	排名
饮食文化	bacon	培根
	brunch	早午餐
	fast-food	快餐
	happy hour	欢乐时光（酒吧/餐厅的减价时间）
	milk-shake	牛奶奶昔
	self-service	自助服务

续 表

词语类别	例 词	中文释义
饮食文化	sundae	圣代
	whisky	威士忌
运动	breakdance	霹雳舞
	fitness	健身
	jogging	慢跑
	surf	冲浪
	skate	滑板
其他种类	bullying	霸凌
	workshop	讲习班
	blazer	布雷泽西装外套
	trailer	（电影/电视剧）预告片

另外，英语对葡萄牙语也产生了部分句法层面的影响，例如两个名词在缺少前置词的情况下合并形成一个新的词组，如 piano bar（钢琴酒吧）< piano bar、futebol clube（足球俱乐部）< football club，而根据葡萄牙语语法规则，这两个词组应表达为 bar com piano、clube de futebol。一般来说，此类词组中应至少有一个词并非来源于英语；而在上述两个例子中，bar 和 futebol 均来自英语。

第八讲
当代葡萄牙语的语言规划政策

葡萄牙语言文化在全球范围内的传播始于地理大发现时期，也是当今葡萄牙政府的重点工作之一。葡萄牙外交部下属的卡蒙斯学院负责制定和实施语言推广政策，确立葡萄牙语的地位，提升其影响力。

01

葡萄牙语正字法

在第5版《葡萄牙语词典》中，正字法（ortografia）一词主要有两个含义，分别表示"书写单词的正确方式"，以及"属于语法的一部分，教人们如何良好地写作"。由于历史原因，葡萄牙语存在不同的分支，书写上也有一定的差异。因此，葡萄牙语正字法（Ortografia da Língua Portuguesa）旨在规范葡萄牙语的书写标准。目前葡萄牙语的官方正字法为《1990年正字法协定》（Acordo Ortográfico de 1990），又称《葡萄牙语统一正字法》（Ortografia Unificada da Língua Portuguesa）。根据著名语言学家朱塞佩·塔瓦尼（Giuseppe Tavani）的说法，从广义上讲，葡萄牙语正字法的历史可以分为三个阶段，即13世纪至16世纪中叶的"初期发展阶段"、16世纪中叶至20世纪初的"基本成形阶段"以及20世纪至今的"正字法改革阶段"[39]。本节内容也将基于这一观点进行阐述。

一、13世纪到16世纪中叶：语音学正字法

在葡萄牙语形成的初期，单词的拼写方法通常由发音决定，即语音

学正字法（Ortografia Fonética）。在理论上，人们希望每个音素与字母是一一对应的关系，即每个字母只有一个发音；反之亦然，即每个发音只由一个字母表示。但在实际运用中，人们发现，葡萄牙语中字母和音素的完全对应关系不可能实现，因为人们表达所需的音素数量远大于字母数量。因此，人们开始将不同的字母进行组合，或是使用语音符号，以此表达理想中的发音。但不同抄写员之间通常缺乏统一的书写标准，因此造成同一个音素常有多种写法，而不同音素也有可能共用同一种书写形式，这使得早期葡萄牙语的文本中出现单词形式多样的现象。例如，在表示鼻音时，究竟是使用鼻音符号还是辅音字母m/n，众多从事抄写或记录的人员并不一致，各种书写方式都能被接受：ano（年）有anno、ãno和año三种写法，caminho（道路）亦可写成camĩho，tinta（墨水）可写成timta，grande（大的）可写成grãde，tempo（时间）可写成tẽpo等。

除鼻化元音外，在辅音音素的书写方面，也常出现混淆情况，常见例词如下表所示：

表8-1　早期葡萄牙语拼写例词

出现混淆的书写	例　　词
g-gu	guerra（战争）- gerra、algúem（某人）- algem、amiga（朋友）- amigua
c-qu	cinco（五）- cinquo、nunca（从不）- nunqua
g-gi-j	haja（有）- agia、manjar（佳肴）- mangar、fujo（我逃走）- fugo
i-y-j	haja（动词haver的第三人称单数虚拟式现在时变位形式，意为"有"）- aya、julgar（判断）- iulgar、hoje（今天）- oye、livro（书籍）- ljuro

二、文艺复兴时期到20世纪初：词源学正字法

随着16世纪人文主义意识的觉醒，人们乐于在拉丁语或希腊语中寻求葡萄牙语单词构词的合理性，词源学正字法（Ortografia Etimológica）开始成为主流。杜阿尔特·德莱昂在其1576年出版的《葡萄牙语正字法》（*Orthographia da Lingoa Portuguesa*）中首次提出词源学正字法的概念，而1734年马杜雷拉·费若（Madureira Feijó）的著作《正字法，或正确书写并拼读葡萄牙语的艺术》（*Orthographia, or Arte de Escrever, e Pronunciar com Acerto a Lingua Portugueza*）近乎成为捍卫葡萄牙语词源学正字法的巅峰。该原则主张根据单词起源和演变历史确定单词拼写，维护那些与发音有所出入的拼写模式。这一阶段的葡萄牙语词汇恢复了一些已消失的字母组合，如在大量源自拉丁语的单词中出现ct、gm、gn、mn、mpt的拼写，或是在源自希腊语的单词中恢复了ch、ph、rh、th的拼写等，具体例词如下表所示：

表8-2 中世纪葡萄牙语的拼写例词

词语来源	拉丁语/希腊语词源	中世纪葡萄牙语拼写	现代葡萄牙语拼写	中文释义
拉丁语	auctōre	aucthor	autor	作者
	assignāre	assignar	assinar	签名
	damnu-	damno	dano	损失
	promptu-	prompt	pronto	准确的

续表

词语来源	拉丁语/希腊语词源	中世纪葡萄牙语拼写	现代葡萄牙语拼写	中文释义
希腊语	arkhaïkós	archaico	arcaico	古代的
	phrásis	phrase	frase	语句
	rhētorikē	rhetorica	retórica	修辞学
	théatron	theatro	teatro	戏剧

三、20世纪至今：正字法拼写改革的发展历程

葡萄牙语在其历史发展过程中受到多种语言的影响，且因为其分布广泛，难以统一，因此，直至20世纪初期，不同大陆所使用的葡萄牙语仍各有标准。在此背景下，各国学者愈发关注现代葡萄牙语的拼写方案。于是，葡萄牙政府首次于1911年在国内实行了一场官方葡萄牙语正字法改革，并几乎形成了与当今欧洲葡萄牙语一致的书写规范。然而，这场改革引发了巴西学界的激烈争论，所以在巴西的推进并没有那么顺利。最终，巴西拒绝执行此次改革方案，继续遵循本国的传统正字法规定。

1924年，里斯本科学院（Academia das Ciências de Lisboa）和巴西文学院（Academia Brasileira de Letras）开始为现代葡萄牙语寻找共同的规范拼写方案，并在1931年基于1911年正字法改革签署了一项初步协定，就此开始了两国正字法的长期趋同进程。为缩小两种语言变体间的拼写分歧，1940年，里斯本科学院出版了《葡萄牙语正字词汇集》（*Vocabulário Ortográfico da Língua Portuguesa*）；巴西文学院随后也在1943年出版了《葡萄牙语正字词汇小集》（*Pequeno Vocabulário Ortográfico da Língua*

Portuguesa），并在同年通过了《1943年正字法汇编》(Formulário Ortográfico de 1943)。此时，巴西葡萄牙语的官方拼写已逐渐靠近欧洲葡萄牙语，但仍存在一定的差异。在此基础上，葡萄牙与巴西于1945年10月6日在里斯本签署《1945年正字法协定》(Acordo Ortográfico de 1945)，并在葡萄牙立法通过，并成为当时葡萄牙及其亚非殖民地的正字法基础。

《1945年正字法协定》中共列有50条基础规则（base），整理规范了葡萄牙语字母表、重音规则、元音与辅音音素的书写方式等。受篇幅所限，本文节选部分确立的规则进行说明，具体如下：

1）确定葡萄牙语的字母数：明确k、w和y为非葡萄牙语字母，只允许出现在外来词及其衍生词中，如kantismo（康德主义）、darwinismo（达尔文主义）、byroniano（拜伦主义）等，且不得将此类衍生词转化为纯正的葡萄牙语表述，所以葡萄牙语字母数比英语少3个，为23个。

2）规范辅音的书写方式：例如，将词首的sc组合改为c，sciência > ciência（科学）、scisão > cisão（裂缝）；将部分单词中的双辅音mm和nn缩减为单辅音，如emmalar > emalar（装箱）、ennegrecer > enegrecer（变黑），不过，connosco（和我们）和comummente（共同点）两个单词仍保留了双辅音的书写。

3）规范哑辅音的书写方式：《1945年正字法协定》规定，若单词中的哑辅音在葡萄牙或在巴西均不发音，则删除该哑辅音；若在其中一个国家不发音，但在另一个国家发音，则保留该哑辅音。如tecto（天花板）一词中的哑辅音c原本在葡萄牙不发音，但在巴西发音，因此这一辅音c就保留了下来。但在实际执行中，这一条规则并未得到很好的贯彻，反而造成了欧洲与巴西两种葡萄牙语变体的书写混乱。

4）规范鼻音音素的书写方式：确定在元音上使用鼻音符号（ã和õ），以及元音与辅音m或n组成鼻音音节的两种方式。

5）规范开音与闭音符号的使用：确定在带有双元音oo、ee的音节上添加闭音符号，如vôo（航班）、perdôo（我原谅）、lêem（他们阅读）、vêem（他们观看）。另外，tambêm、Jerusalêm、contêm等原带有闭音符号的词均更改为带有开音符号的também（也）、Jerusalém（耶路撒冷）、contém（它包含）等。

6）规范部分动词变位的书写方式：如规定以-ar结尾的第一变位动词在第一人称复数的陈述式现在时和过去完成时变位采用不同的书写方式，即nós amamos（我们热爱）与nós amámos（我们过去热爱）等。

7）规范连字符的使用：如在带有希腊语、拉丁语、图皮－瓜拉尼语族前缀构成的词中使用连字符；在表达单词递进顺序时使用连字符，如o percurso Lisboa-Coimbra-Porto（"里斯本—科英布拉—波尔图"路线）等。

8）规范单词首字母大小写的使用：如在表示种族和民族、月份名称、政治、国家或宗教、文学作品、期刊和艺术作品名称、职位和头衔名称等情况时单词首字母大写；在多数学科和科学名称中单词首字母小写等。

总体而言，《1945年正字法协定》试图在当时两国使用的正字法间达成妥协，力图实现绝对的葡萄牙语正字法统一。但遗憾的是，该协定未能得到巴西国民议会（Congresso Nacional do Brasil）的立法批准，绝大多数规则也未能在巴西落地生根，巴西仍以《1943年正字法汇编》作为书写标准。这样一来，随着《1945年正字法协定》在葡萄牙及其亚非殖民地的应用与推广，巴西葡萄牙语与欧洲及非洲葡萄牙语之间的拼写差异愈发扩大，这和最初的期望背道而驰；而直至今日，安哥拉、佛得角、莫桑比克、圣多美和普林西比、几内亚比绍这些国家仍然基本以《1945年正字法协定》作为书写标准。

四、《1990年正字法协定》的颁布与实施

为再次促成两种葡萄牙语分支拼写的统一，20世纪70年代至80年代，巴西和葡萄牙数次着手开展正字法协定立项工作，但均未得到满意的结果。直到1990年12月16日，里斯本科学院和巴西文学院联合安哥拉、佛得角、几内亚比绍、莫桑比克和圣多美和普林西比等多国代表齐聚里斯本，签署了《1990年正字法协定》，才使所有葡语国家的书写方式得到了基本的统一。

与《1945年正字法协定》相比，《1990年正字法协定》精简了拼写规则的数量。其正文由21条基础规则组成，基本囊括了应对各类可能导致拼写疑问的处理方案，为葡萄牙语分支中写法不一的单词提供了统一的书写方式建议并涵盖了其中98%的词汇，包括辅音h的使用规则，辅音ch/x、g/j、s/ss/c/ç等在相同发音情况下的书写规则，单词重音的分布与表示，单词缩写与大小写，以及复合词内部、动词变位间、语句内部连字符的使用规则等。而在内容方面，新正字法协定也有一定的更新。以下，我们选取部分规则进行说明：

1）确认葡萄牙语字母数：确定葡萄牙语字母共有26个，即将k、w和y纳入葡萄牙语字母范围；建议将外来词语（尤其是国外地名）按照纯正的葡萄牙语进行表述，如将Génève（日内瓦）写为Genebra，将Srbija（塞尔维亚）写为Sérvia等。

2）确定哑辅音的书写规则：新正字法协定中，再次列出了一系列哑辅音的使用规则，例如将一些始终不发音的哑辅音删除，如将 óptica（视力的）、óptimo（最好的）、acto（行为）、actual（当下）、eléctrico（电力的）等单词的拼写规定为 ótica、ótimo、ato、atual、elétrico。其实，在处理此类哑辅音的问题上，葡萄牙语学界颇有争议，因为部分学者认为哑辅音与元音的开合程度存在一定的联系。他们认为，单词中的哑辅音通常预示着开元音的出现，如在 espectáculo（奇观）、adoptar（采取）、afecto（感情）、acção（行动）等词中，哑辅音前的元音无论是否重读均为开元音；而根据新正字法协定，上述单词将删除哑辅音并分别拼写为 espetáculo、adotar、afeto、ação，此时人们将更难判断元音，尤其是重读音节元音的开闭程度，这实际上并不利于人们掌握正确的读音。

值得注意的是，新正字法实施后，以上单词在欧洲葡萄牙语和巴西葡萄牙语中获得了统一的书写形式。但这一现象并非出现在所有的哑辅音单词中：recepção（接收）、concepção（概念）和 respectivo（分别的）等词按照《1990年正字法协定》的规定，在葡萄牙拼写为 receção、conceção 和 respetivo，但在巴西却保留了相应的原有哑辅音；相反，在 facto（事实）、secção（部分）和 contacto（联系）等单词中，辅音 c 在欧洲葡萄牙语中得以保留，但在巴西葡萄牙语中却被删除，单词也相应地改为 fato、seção 和 contato；而诸如 aspecto/aspeto（方面）、jacto/jato（喷气式飞机）或 infecção/infeção（感染）等词在欧洲葡萄牙语中两种拼写均被接受，但在巴西葡萄牙语中则普遍使用保留哑辅音的形式。

3）对连字符的使用进行了较为系统的规范，部分规则及例词如下表所示：

表8-3 《1990年正字法协定》对连字符的部分使用规范

构词类型	连字符处理类型	例　　词
当前缀为两个音节并以元音结尾，且其后的单词不以h开头或与前缀结尾的最后一个元音不同时①	删除连字符，原有成分合并连写	antivírus（抗病毒） infraestrutura（基础设施） autoaprendizagem（自学） contrarregra（舞台监督） antissocial（反社会）
前缀为co、re或pre时		corresponsável（共同负责） prescrever（规定） reescrever（重写）
两个成分已失去并列的概念时		girassol（向日葵） paraquedas（降落伞） passatempo（消遣）
由副词não引导的单词	删除连字符，原有成分各自成为独立的单词	não fumante（不吸烟的） não governamental（无政府的）
前后单词由前置词连接，除植物学和动物学相关的单词外		mão de obra（劳动力） passo a passo（一步一步） dia a dia（每天） pé de cabra（撬棍）
由副词bem引导时； 或由副词mal引导，且其后单词首字母为h或任一元音时	保留连字符	bem-humorado（幽默的） bem-nascido（出身好的） mal-amado（挫败的） mal-estar（厌恶）

续 表

构词类型	连字符处理类型	例　词
前缀为além、aquém、recém、sem、ex、pós、pré、vice等时	保留连字符	além-mar（海外） aquém-mar（海内） recém-casado（新婚的） sem-vergonha（无耻的） ex-aluno（老学生） pós-graduação（研究生） pré-vestibular（预科生的） vice-presidente（副总统）
前缀以r结尾，且其后紧随的单词首字母也是r时		super-requintado（过分要求） hiper-resistente（超强抗性）

注：当第二个单词的首字母为r或s时，该字母必须双写。

4）规范双元音的重音符号的使用：当单词重音落在倒数第二个音节，且该音节为ei或oi时，不书写重音符号，如ideia（想法）、heroico（英雄的）等；当单词重音落在其他位置，且该重音音节为éi、éu/êu、ói时，则应保留重音符号，如anéis（戒指）、farmacêutico（药学的）、herói（英雄）等；另外，对于双元音oo、ee而言，全部取消原有的闭音符号，如vôo > voo（航班）、perdôo > perdoo（我原谅）、lêem > leem（他们读）、vêem > veem（他们看）等。

此外，新正字法协定取消了字母u原先在巴西被广泛使用的一种书写形式——ü，如lingüística > linguística（语言学家）；将月份名称的首字母改为小写，如Janeiro > janeiro（一月）；允许某些单词在欧洲与巴西两种变体中存在双重写法，如idóneo/idôneo（有能力的）、anónimo/anônimo

（匿名的）、connosco/conosco（和我们）和comummente/comumente（共同地）——前者为欧洲葡萄牙语标准，后者为巴西葡萄牙语标准。

为提高协定的接受度并强化协定的实施效力，《1990年正字法协定》规定将2009—2015年设置为过渡期。在此期间，各葡语国家均可使用原有的正字法协定，而2015年之后新正字法协定将成为唯一正式有效的语言标准。不过截至目前，只有葡萄牙、巴西与佛得角遵循规定，正式规定采用新正字法协定；而其他葡语国家则普遍奉行《1945年正字法协定》。

02
葡萄牙的语言对外推广政策

自1415年征服休达起,葡萄牙语便成为世界上最为活跃的语言之一。步入20世纪后,葡萄牙语言与文化在海外的推广与传播更加成为葡语国家,尤其是葡萄牙政府关注和研究的重点。以葡萄牙为例,多年来,政府通过与下属各部门以及相关研究机构间的密切联系,加上与其他葡语国家和区域的紧密合作,积极制定和实施语言推广的基本政策;此外葡萄牙政府还倡导建立葡语国家共同体,确立国家语言发展战略目标,以完善与促进葡萄牙语言与文化的推广,维护葡萄牙语的语言地位并提升葡萄牙语的国际影响力。

一、葡萄牙语言推广政策发展历程

葡萄牙语的大规模自然传播始于航海大发现时期,而官方语言推广政策的出台则主要始于葡萄牙对巴西的殖民时期。18世纪中叶,庞巴尔侯爵制定了一系列对巴西本土印第安人进行管理的制度和措施,并于1757年颁布了《印第安人法令》(*Diretório dos Índios*),这被视作葡萄牙语推广政策在海外的首次积极尝试。根据法令，部分印第安人享有在学校接受教育的权利，而学校中开展的教学活动均须使用葡萄牙语。随着1808年葡萄牙王室迁都巴西，作为王族语言的葡萄牙语在巴西得到了进一步的传播。不仅如此，国王若昂六世（D. João VI）在巴西创建的出版社和国立图书馆（Biblioteca Nacional）等文化基础设施也为葡萄牙语在巴西民众中的使用及传播奠定了坚实的基础，其影响持续至1822年巴西独立的百年后。可以说，直至1922年圣保罗"现代艺术周"（Semana de Arte Moderna de São Paulo）活动开展之时，葡萄牙王室留下的文化遗产才开始在萌芽的本土现代主义的冲击下逐渐消失。

1910年，葡萄牙第一共和国建立，葡萄牙开始进入当代语言对外推广阶段。1919年，葡萄牙语教学首次进入法国的巴黎大学（Universidade de Paris），并迅速在德国、意大利、英国等其他欧洲国家落地生根，但葡萄牙政府在其他大洲并没有采取十分积极的语言政策。1926年5月28日，葡萄牙第一共和国政权在军事政变中被推翻，葡萄牙转而走向军事独裁时期。1932年，安东尼奥·萨拉查（António Salazar）就任葡萄牙总理，建立了具有独裁性质的"新国家"（Estado Novo）体制。在这一阶段，萨拉查政府高度强调语言的民族主义（nacionalismo），尤其注重加强巴西和非洲海外殖民地的葡萄牙语推广，例如在巴西实施教育改革，规定葡萄牙语为基础教育教材中唯一可以使用的语言等[1]。

而就其非洲殖民地而言，1926年，葡萄牙通过了《安哥拉及莫桑比克土著的政治、社会和刑事地位》（*Estatuto Político, Social e Criminal dos*

---

[1] Decreto-Lei n° 406, de 4 de maio de 1938, consultado em 7 de julho, 2023, https://www.planalto.gov.br/ccivil_03/decreto-lei/1937-1946/del0406.htm.

Indígenas de Angola e Moçambique)法案，开启了对非洲的"殖民地同化政策"（Política de Assimilação Colonial），其基本目的在于迫使葡属非洲殖民地群体接受葡萄牙语言、文化和法律，在非洲培养葡萄牙政府的"亲信"。1933年，葡萄牙宪法通过《殖民法》(Acto Colonial)，规定葡萄牙承担"拥有和殖民海外领地、教化当地土著人民"的历史职能，将葡萄牙定义为宗主国（metrópole），非洲殖民地则附属于宗主国，强调葡萄牙对其海外殖民地的所有权。尽管二战后欧洲兴起反殖民主义浪潮，多数国家都主动或被动地放弃其殖民地，葡萄牙却于1951年重新修订立法，将"殖民地"（colónias）这一概念修改为"海外省"（províncias ultramares），对非洲殖民地继续实行统治，其中也包含语言层面的殖民。

葡萄牙政府规定，葡萄牙语是其殖民地在行政、管理、外交等正式场合所使用的语言，非洲本土语言不得出现在任何正式场合。葡萄牙政府宣称葡萄牙语是真正的、文明的、先进的语言，是精英阶层的语言，代表了更高的社会阶层和价值；非洲语言则属于方言，是粗鲁的、落后的语言。通过大规模边缘化非洲语言，葡萄牙殖民主义在客观上促进了非洲葡萄牙语使用人数的相对增长，但其对当地语言的压制也成为了助推非洲民族独立思潮的催化剂，并最终导致1961—1974年间非洲风起云涌的反殖民主义独立斗争，历史上又称葡属殖民地战争（Guerra Colonial Portuguesa）。不过，单从语言推广的结果上看，葡萄牙政府的语言政策的确在非洲留下了极为深远的影响：尽管非洲前殖民地国家已取得独立，且当时前葡属殖民地国家的大多数人口并不使用葡萄牙语，但是葡萄牙语仍在新宪法中被确立为官方语言。

海外战乱延绵不绝，国际反殖民主义运动成为历史大势，葡萄牙国内军民也对民主与和平产生热切的向往。1974年4月25日，长达42年的独裁时代以一场"康乃馨革命"宣告结束，葡萄牙在平静中实现了从军事独裁向民主政权的更替。新共和国成立伊始，葡萄牙便积极在国际社会上寻求认同：不仅与苏联、印度以及多数不结盟国家[1]重建外交关系，打破了萨拉查时代的长期外交孤立状态；也确立了"积极与他国建立外交关系，促进葡萄牙语言及文化的推广"的方针政策[2]。在经历了长达两年的临时政府阶段后，1976年，葡萄牙第三共和国第一届宪政政府上台，并颁布了《第一届宪政政府纲领》（*Programa do I Governo Constitucional*）[3]，为其后的数十届执政者提供了语言建设与推广的核心思路。《第一届宪政政府纲领》在语言政策方面提出了数条重要规定，其中包括将葡萄牙语言及文化在海外的传播纳入国际关系领域、为海外葡萄牙侨民及其后代提供行之有效的葡萄牙语教学模式等。尽管葡萄牙与非洲等殖民地区的从属关系已经终结，但葡萄牙政府依旧对自己曾经进行殖民统治的国家及地区的语言文化归属表现出极大的关注，如推动葡萄牙语成为非洲葡语国家的官方语言，与所有使用葡萄牙语的国家和地区开展合作，共建文化合作体系等。

20世纪80年代起，葡萄牙政府进一步深化葡萄牙语言及文化在世界范围内的传播与推广。一方面，80年代葡萄牙的各届政府均保持对其他葡语国家（尤其是非洲各国）及地区葡萄牙语言及文化教学与推广的重视。例

---

1 不结盟国家是指冷战时期参与"不结盟会议"，即不与美国、苏联两个超级大国中任何一个结盟的国家。
2 Decreto-Lei n.º 203/74, de 15 de maio, consultado em 7 de julho, 2023, https://diariodarepublica.pt/dr/detalhe/decreto-lei/203-1974-623386.
3 根据《葡萄牙共和国宪法》（*Constituição da República Portuguesa*）的规定，葡萄牙《政府纲领》（*Programa do Governo*）包含葡萄牙主要的政治方针和政府活动领域中实施或建议实施的治理措施。

如在欧洲、美洲、非洲等国的小学与中学建立葡萄牙语教学网络，同时帮助这些国家完善其高等教育课程设置、教学资源配给以及师资力量；在国外建立葡萄牙文化中心或文化研究所等，促使葡萄牙语课程更好地融入他国教育系统。此外，葡萄牙也十分重视在中国澳门地区推广葡萄牙语言和文化。1987年4月13日，中葡两国签署《中华人民共和国政府和葡萄牙共和国政府关于澳门问题的联合声明》(*Declaração Conjunta do Governo da República Portuguesa e do Governo da República Popular da China sobre a Questão de Macau*)，双方达成一致，中华人民共和国于1999年12月20日起恢复对澳门行使主权。另外，该声明也推动了1987年葡萄牙语传播中心（Centro de Difusão da Língua Portuguesa，简称为CDLP）在澳门的成立，这不仅有效地为澳门的葡萄牙侨民及后代提供了接受葡萄牙语言及文化教育的途径，还成为日后中葡跨文化交流的桥梁和纽带。

另一方面，随着80年代中叶经济全球化席卷世界，葡萄牙当局也开始将目光投向国际区域和组织，意在进一步将葡萄牙语推向更广阔的领域。1986年，葡萄牙成功加入欧共体[1]，葡萄牙语成为欧共体以及后来欧盟的官方语言，这标志着葡萄牙政府使葡萄牙语成为国际组织官方或工作语言的一系列努力的开始。1995年，"语言政策"（política da língua）这一概念首次明确出现在当届《政府纲领》中，葡萄牙政府希望在语言政策层面有所作为，致力于将葡萄牙语推向全世界。

1999年起，葡萄牙政府首次提出了葡萄牙语的"可持续拓展"（expansão sustenta）发展目标，"语言的对外推广"正式被纳入国家战

---

[1] 欧共体（CEE），全称为欧洲经济共同体（Comunidade Económica Europeia），于1958年成立。1992年，欧洲经济共同体更名为欧洲共同体，是欧盟的前身。

略体系，对外葡萄牙语教学（Ensino de PLE，即Ensino de Português Língua Estrangeira）也首次进入当届《政府纲领》，成为葡萄牙外交战略中的核心思想之一。2005年，葡萄牙政府首次在《葡萄牙共和国宪法》中将促进葡萄牙语的全球化传播列入国家根本任务，并表示应当通过各种方式及媒介加强与其他葡语国家的合作，确保海外葡萄牙侨民接受葡萄牙语言及文化教育，为相关海外语言文化机构提供充分支持和保障，从而有效促进葡萄牙语言及文化在海外的传播。2011年，葡萄牙外交部明确将葡萄牙语的全球化推广定义为葡萄牙外交事务的行动准则之一，正式将语言对外推广纳入国家外交事务体系。2020年5月5日，联合国秘书长古特雷斯在庆祝首次举办的"世界葡萄牙语日"的致辞中，同样对葡萄牙语作为"全球性交流语言"（língua de comunicação global）的地位表示认可。

二、葡萄牙语对外推广的实施机构

总体而言，葡萄牙外交部、文化部和教育科学部当属葡萄牙国家语言政策制定和实施的三大核心部门，它们各自独立，但是在政策制定方面合作密切。在具体的政策实施方面，早在20世纪20年代末期，葡萄牙政府便已成立相关语言推广机构，以管理海外日益蓬勃的葡萄牙语教学活动。1929年，葡萄牙政府又成立了国家教育委员会（Junta de Educação Nacional，简称JEN），隶属于当时的公共指导部，主要负责管理所有的海外葡萄牙语教学机构，并促进葡萄牙科学和教育的欧洲化。1936年，国家教育委员会更名为高等文化学院（Instituto para a Alta Cultura，简称IAC），并在1952—1976年间数度易名，其归属权也数次更迭，最终于1980年更名为葡萄牙文化语言学院（Instituto de Cultura e Língua

Portuguesa，简称ICALP），归属权从文化部移交至教育科学部，并一直持续至90年代。

1991年，葡萄牙国家教育理事会（Conselho Nacional de Educação，简称CNE）发布了《葡萄牙语语言文化在海外的教学、推广及传播的组织与发展总体框架》（*Quadro Geral da Organização e Desenvolvimento do Ensino, Promoção e Difusão da Língua e Cultura Portuguesas no Estrangeiro*），确立了葡萄牙语对外推广的三个主要内容：海外葡萄牙侨民的葡萄牙语教学，与其他葡语国家和地区的合作，以及对外葡萄牙语教学。基于该发展框架，1992年，葡萄牙政府在原葡萄牙文化语言学院的基础上设立卡蒙斯学院（Instituto de Camões），由教育部负责。学院依照政府文化对外推广政策的指导，设计、规划并执行葡萄牙语言及文化在海外的传播政策以及教学活动，获得高额财政预算，意在尽可能解决语言推广的低效问题。1994年起，卡蒙斯学院交由外交部监管，葡萄牙政府正式将语言和文化活动视为国家外交政策的一部分。2012年，卡蒙斯学院与葡萄牙发展援助学会（Instituto Português de Apoio ao Desenvolvimento，简称IPAD）合并为卡蒙斯—语言与合作学院（Camões–Instituto da Cooperação e da Língua, I.P.）。

作为葡萄牙最负盛名且最具影响力的语言文化推广机构，卡蒙斯学院主要通过与当地教学或文化机构合作构建和管理葡萄牙文化中心和葡萄牙语中心，从而达到以下目的：共建教学点或课程，对当地教师或译员进行培训，协助当地高等院校教师席位的设立和监管，建设卡蒙斯图书馆（Biblioteca Camões）等。通过这些方式，卡蒙斯学院得以开展其工作，旨在保障境外葡萄牙侨民接受葡萄牙语言及文化教育，支持并协调对外葡萄牙语教学活动，有效促进葡萄牙语言及葡语国家文化的国际化。截至2022年，卡蒙斯学院参与建设的葡萄牙文化中心已覆盖16个国家，并已经在41个国家设立了69个葡萄牙语中心。这些机构与当地大使馆和领事馆紧密合作，力图向世界传播和介绍现代的、进步的葡萄牙。

21世纪初，随着葡萄牙语作为"全球性交流语言"这一推广目标的确立，葡萄牙当局开始对海外的葡萄牙语教学模式进行思考。早期的葡萄牙国家政策更加注重文化的传播，因此在海外教学方面也主要以宣传葡萄牙文化为主，课程主要包括葡萄牙艺术、历史及文学等。即便是葡萄牙语的语言教学课程，也主要集中在交际和日常用语方面。但是，在不断增加的国际葡萄牙语专业人才需求的刺激下，海外教学的内容和形式均大幅度更新，对于专业师资及教学资源等问题的应对开始提上日程。与此同时，随着信息技术的发展，卡蒙斯学院也积极运用现代化手段，开始建立卡蒙斯虚拟中心（Centro Virtual Camões）以及卡蒙斯电子图书馆（Biblioteca Digital Camões）等资源集合体，与时代发展相结合，更好地发挥其语言推广中心的职能。此外，卡蒙斯学院还开展丰富的远程教育课程，如商务、法律、新闻、酒店和旅游业等各领域的专项葡萄牙语课程，基于教学法或语言学的教师继续培训课程，以及电影与视频教学解构、翻译和语言信息技术、国际发展合作等专业课程，旨在培养能够以葡萄牙语作为工作语言或胜任葡萄牙语教学工作的相关人才。

此外，葡萄牙政府还于1999年成立了葡萄牙语水平测试中心（Centro de Avaliação de Português Língua Estrangeira，简称CAPLE），并在全世界设立近百个葡萄牙语等级考点（Local para Aplicação e Promoção de Exames，简称LAPE），为来自世界各地的葡萄牙语学习者提供评估和认证葡萄牙语水平的途径。葡萄牙语测试主要通过听力、口语、阅读、写作四项考核，对葡萄牙语学习者的综合语言水平进行有效评估，并分为六个考试等级——入门（ACESSO）、初级（CIPLE）、基础（DEPLE）、进阶（DIPLE）、高级（DAPLE）和大学（DUPLE），分别对应欧洲委员会（Concelho da Europa）于2001年提出的《欧洲语言共同参考框架》（*Quadro Europeu Comum de Referência para as Línguas*，简称*QECR*）中的六个语言等级——A1、A2、B1、B2、C1和C2。截至2022年底，仅我国就已建立7个葡萄牙语等级考点，分布于北京、上海、香港特区与澳门特区。

在语言对外推广过程中，葡萄牙各类民间机构和组织的作用同样不容忽视。无论是面向亚洲葡萄牙语推广的东方基金会（Fundação Oriente，简称FO）和东方葡萄牙语学会（Instituto Português do Oriente，简称IPOR）、专注于美国葡萄牙语发展的葡美发展基金（Fundação Luso-Americana para o Desenvolvimento，简称FLAD），还是为包括葡语国家在内的世界各国提供知识、艺术及文化分享平台并积极响应非洲葡语国家社会经济发展需求的古本江基金会（Fundação Calouste Gulbenkian），均在通过教育消除贫困、推动和促进葡萄牙语推广方面作出了很大的贡献。

03
中国的葡萄牙语教学

尽管因为澳门这一历史缘故,葡萄牙语早在近五个世纪前就已踏上了中国的土地,但早些年间我国并未出现官方的教学机构,其发展形式较为自由松散。直到20世纪60年代初,中国才正式开启了葡萄牙语教学的序幕。21世纪,在深化改革开放、共建"一带一路"的政策引领下,我国与葡语国家的合作迈入全新阶段。对各类葡萄牙语人才的需求不断推动着葡萄牙语专业的发展,并促进了葡萄牙语在更多领域的传播。

一、中国与葡萄牙交往历史概述

中葡交往的悠久历史可以追溯至1513年,葡萄牙商船首次到访广东珠江口。1553年至1554年间,葡萄牙人以晾晒货物为借口登陆澳门。此后,大批耶稣会传教士抵达澳门,并于1563年开始在澳门开展葡萄牙语教学工作。

1594年,为了向远赴东方的传教士提供一个中转站,耶稣会在澳门建立了澳门圣保罗学院(Colégio de São Paulo de Macau),亦称天主圣母学院（Colégio da Madre de Deus），这也是中国乃至东亚第一所西方类型的大学机构。圣保罗学院课程内容广泛，包括神学、哲学、数学、地理、天文学、艺术等基础学科，以及拉丁语、葡萄牙语和汉语等语言课程，并招纳了大批知名西方汉学家，如意大利汉学家利玛窦（Matteo Ricci）和罗明坚（Michele Ruggieri）、来自德国的汤若望（Johann Adam Schall von Bell）和来自比利时的南怀仁（Ferdinand Verbiest）等，大幅推动了东西方语言、科学和艺术的交流与碰撞。遗憾的是，1835年，一场大火将圣保罗学院及其附属教堂几乎摧毁殆尽，唯有天主圣母教堂雄伟的前壁和庄严的楼梯得以幸存，而这片遗址也被世人称作大三巴牌坊（Ruínas de São Paulo），后被列入联合国教科文组织的世界文化遗产名录。

为进一步完善赴华传教士的培训工作，1728年耶稣会士在澳门建立圣保罗学院分院——圣若瑟修院（Seminário de São José），同样依照西方的高等教育体系开设相应课程，成为继圣保罗学院之后澳门第二古老的大学机构。数百年来，尽管圣若瑟修院受政治、宗教、战争等多重因素影响，屡遭停办，但其名望与地位却并未随之动摇，甚至在19世纪重新成为亚洲最为重要的传教士培养中心之一，招收来自中国内地、澳门、香港等地区，还有葡萄牙、东帝汶等国的学生，培养出一批富有影响力的中葡双语精英，其中就有著名的汉学家、葡萄牙传教士江沙维神父（Padre Joaquim Afonso Gonçalves），其著作包括1831年出版的《洋汉合字汇》（*Diccionario Portuguez-China: no Estilo Vulgar Mandarim e Classico Geral*）、1833年出版的《汉洋合字汇》（*Diccionario China-Portuguez*）等权威性词典和教材，对后世影响深远。

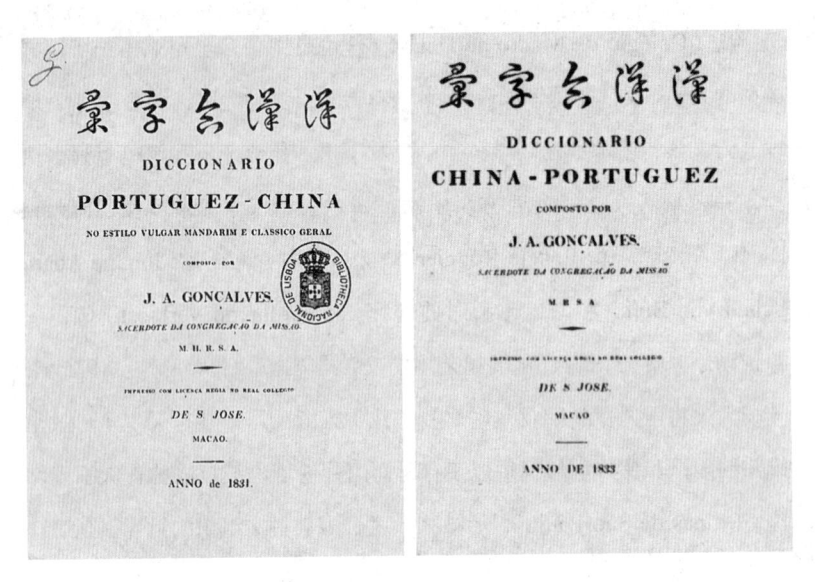

图8-1 《洋汉合字汇》与《汉洋合字汇》封面图

　　1887年，葡萄牙正式开始对澳门实行殖民统治，不少葡萄牙人迁居澳门，葡萄牙政府开始通过行政管理手段，强制人们使用葡萄牙语。为加强语言传播，并填补澳门教育体系的空白，葡萄牙政府着手在澳门兴建一批葡萄牙语语言学校，先后于1887年成立澳门施比禄商业学校（Escola Comercial "Pedro Nolasco"），1894年成立澳门利宵中学（Liceu de Macau）等。不过，受种种原因影响，1998年，这两所学校与另一所澳门中学合并成为澳门葡文学校（Escola Portuguesa de Macau），后者也成为澳门如今现存的唯一一所实施葡萄牙教育制度并以葡萄牙语为教学语言的全日制学校。此外，为培养葡萄牙驻北京、上海和广州使领馆的口笔译人员，葡萄牙政府还于1905年创建了澳门第一所中葡翻译学校——中国语言学校（Escola de Língua Sínica），不过后期由于招生人数不足，该学校也屡次停招，直到20世纪70年代才开始恢复办学，并于1976年更名为技术学院（Escola Técnica），仍以"培训口笔译译员"为办学主旨。1992年，技术学院被取缔，其各项职能均被移交至新成立的语言暨翻译学院（Escola de Línguas e Tradução），隶属于澳门理工学院（现澳门理工大学）。

二、当代中国的葡萄牙语教学发展

1949年中华人民共和国成立后，我国强调发扬国际主义精神的重要性，迅速与各国建立起外交关系，并逐步调整原有的教学思路，将英语和俄语等国际社会主流语言引入中学教育中。然而，当时我国在重大国际事务上仍强烈依赖苏联，使得建国初期除了俄语人才外，通晓其他外语语种的专业人员十分稀缺。事实上，在建国后的十年间，我国未设立任何葡萄牙语教学机构，也未能培养葡萄牙语翻译人员。在当时，如有与葡语国家交流的需求，便只能依靠西班牙语或英语译员进行沟通。

20世纪50年代后期，我国政府开始加强与世界各国的交流，并希望扩大在拉丁美洲，尤其是巴西的影响力。于是，1957年北京电台（现中国国际广播电台）首次录制广播了西班牙语节目；1960年4月15日，首个葡萄牙语节目也在北京电台播放。为加强葡萄牙语广播的人才队伍建设，中央政府指定北京广播学院（现中国传媒大学）承担起相关葡萄牙语人才的培训任务。就这样，1960年9月，我国首个官方葡萄牙语本科课程在当时的北京广播学院诞生。面对教师严重缺乏的问题，苏联向我国派出了巴西教师马拉·马佐西尼（Mara Mazzoncini），协助北京广播学院完成葡萄牙语教学任务，而马拉老师也成为我国葡萄牙语专业的首位外籍教师。值得注意的是，尽管葡萄牙语言文化已在澳门存续四百余年，但20世纪60年代期间，中葡尚未建交，澳门也仍受葡萄牙殖民统治，因此，无论是葡萄牙抑或是澳门，几乎均未对中国内地最初的葡萄牙语教学体系的建设产生影响。

接下来，北京外国语学院（现北京外国语大学）和上海外国语学院（现上海外国语大学）积极响应国家号召，先后于1961年和1977年开设了葡萄牙语本科课程，以满足国家对外交和外宣等领域的人才培养需求，并在随后的40多年间与北京广播学院共同为我国培养了近400名优秀的葡萄牙语笔译和口译人才。其间，1974年葡萄牙爆发康乃馨革命，曾受葡萄牙殖民统治的国家及地区相继宣布独立，连同葡萄牙在内的各葡语国家陆续与中国建立外交关系。此后，中国与各葡语国家逐渐在多个领域加强合作，极大地推进了我国的葡萄牙语教学发展。

不过，受经济发展、国际政策等因素制约，到20世纪末，我国的葡萄牙语教学发展仍较为有限。除前文提到的中国传媒大学、北京外国语大学、上海外国语大学三所大学外，只有澳门大学和澳门理工大学分别于1990年和1997年先后开设了葡萄牙语课程。2000年初，教育部出台《关于申报外语非通用语种本科人才培养基地的通知》，将葡萄牙语划归为非通用语种，提出对非通用语种人才培养的紧急需求，这才不断坚定了各大高校建设葡萄牙语专业的决心。

2002年，中葡两国签订《中华人民共和国教育部与葡萄牙共和国科学与高教部合作备忘录》，至此，我国葡萄牙语教学发展拥有了政府级别的条文基础。2005年，葡萄牙时任总统若热·桑帕约（Jorge Sampaio）访华，并在访问期间参与了中国传媒大学葡萄牙语中心（Centro de Língua Portuguesa）的签署仪式。2005年至2009年间，葡萄牙语本科课程先后在12所高校落地。除本科课程外，2007年，上海外国语大学和北京外国语大学首次招收葡萄牙语硕士研究生。

2013年9月，习近平总书记提出"一带一路"倡议，力求在经济全球化背景下推动全球各个领域的互联互通，促进对外开放与合作。在此背景下，我国与葡语国家的合作进一步深化，而对国际化、多元化葡萄牙语人才的需求也不断加强。自此，国内葡萄牙语专业建设的发展势头更为强劲，2019年开设葡萄牙语专业的高校已增长至47所。截至2022年底，我国已有59所高等院校开设葡萄牙语言文化课程（包括学位课程和选修课程），分布在全国18个省、4个直辖市及澳门特区。除高等院校以外，2014年，葡萄牙语也开始进入上海市中小学的课堂，目前已有4所中学、1所小学开设葡萄牙语拓展课或第二外语课程。

绝大多数高校以教授欧洲葡萄牙语为主，也有近20所高校教授巴西葡萄牙语，不过国内目前还没有高校采用非洲葡萄牙语授课。在具体的学科安排上，我国高等院校的葡萄牙语本科学位课程为4年制，通常分为"基础"和"高级"两个阶段，前者通常包括葡萄牙语阅读、听力、会话、语法等培养基础语言能力的科目，而后者则主要针对语言能力的综合提高并且设有笔译与口译、历史文化等课程；硕士学位通常为3年制，课程设置主要围绕语言学、翻译学、文学、历史等专业方向，培养学生的综合科学文化素养，使其具备在外交、教育、学术研究、经济、旅游等各类领域从事笔译、口译、教学的相关能力。

在教育交流与合作领域，随着近年来我国学科实力的提升，各高校开始广泛建立起与葡语国家相关机构院校的交流与合作，主要集中在高校层面的学生交流互换、学术交流与科研合作等方面。如今，我国高校已与葡萄牙和巴西多所院校建立起校际交流合作关系，其中主要包括里斯本大学（Universidade de Lisboa）、里斯本新大学（Universidade Nova de Lisboa）、科英布拉大学（Universidade de Coimbra）、波尔图大学（Universidade do Porto）等葡萄牙院校，以及圣保罗大学（Universidade de São Paulo）、南大河州联邦大学（Universidade Federal do Rio Grande do Sul）、坎皮纳斯州立大学（Universidade Estadual de Campinas）、隆德里纳州立大学（Universidade Estadual de Londrina）等巴西院校。据不完全统计，2009年至2021年间，仅赴葡萄牙交流的中国学生数量就已超过6 700名，教师和研究人员的数量则超过350名。另外，中葡高校已签订的合作协议达百余份，涵盖葡萄牙语言和文化、人文科学、法律等各类领域；多所国内院校已与葡语国家高校建立中外大学联盟，并参与举办"中国与葡语国家高校校长论坛"，积极推动我国与葡语国家在多元文化、科研创新、人员流动等多个领域的共建与发展。

作为中国与葡语国家间的桥梁，澳门特区在开展葡萄牙语教学方面有着得天独厚的优势。1999年12月20日澳门回归祖国后保留了葡萄牙语原有的地位，将其与中文共同作为特区的"正式语文"。2003年10月，在中央政府的倡议下，澳门行政区发挥了促进中国与葡语国家合作的桥梁作用，我国与安哥拉、巴西、佛得角、几内亚比绍、莫桑比克、葡萄牙和东帝汶等七个葡语国家成立了中国—葡语国家经贸合作论坛（澳门）（Fórum para a Cooperação Económica e Comercial entre a China e os Países de Língua Portuguesa (Macau)），简称中葡论坛（Fórum de Macau），后又新增圣多美和普林西比、赤道几内亚这两个国家，旨在通过澳门这一平台巩固中国与葡语国家间的各领域合作，为教育事业和人力资源领域合作作出贡献。此外，2011年，中国商务部还与澳门相关协会及高校成立了中葡论坛培训中心（Centro de Formação do Fórum de Macau），意在为求知者创造有利的葡萄牙语言及文化学习环境。

如今，澳门多所机构及院校均有开设对外葡萄牙语课程，如澳门大学、澳门理工大学、澳门科技大学、澳门城市大学、澳门圣若瑟大学五所高校，澳门特别行政区官方葡华学校（幼儿园至中学阶段），东方葡萄牙语学会，以及一些接受政府补贴的私立学校等。其中，在澳门大学葡萄牙语系和法律系的本科和硕士课程、澳门理工大学的翻译课程和公共管理课程中，葡萄牙语均为课程通用语言。面对优秀的葡萄牙语资源，内地高等院校也常与澳门院校开展教育合作，如举办中葡翻译比赛、教育论坛、葡萄牙语暑期班等，深受内地葡萄牙语学生和教育工作者的欢迎。

随着我国与葡语国家间的经贸合作不断加深，双边关系稳定发展，社会上对中葡双语人才的需求不断加大，葡萄牙语已经成为如今高校的热门专业。此外，我国也期待与葡语国家在教育领域继续合作，深化国际交流，为更多的葡萄牙语学生提供优质的教学资源，力图培养出国家、社会所需的复合型、应用型、创新型中葡语言人才。

参考文献

[1] NUNES DE LEÃO D. Origem da Lingoa Portuguesa[M]. Lisboa: Impresso por Pedro Crasbeeck, 1606: 7.

[2] CARDEIRA E. O Essencial sobre a História do Português[M]. Lisboa: Editorial Caminho, 2006.

[3] PENNY R. Variation and Change in Spanish[M]. Cambridge: Cambridge University Press, 2004: 185.

[4] ALI M S. Gramática Histórica da Língua Portuguesa[M]. 3.ª edição. São Paulo: Melhoramentos, 1964: 4.

[5] OLIVEIRA C, MACHADO S. Textos Portugueses Medievais[M]. Coimbra: Coimbra Editora Limitada, 1969.

[6] COSTA A J. Os Mais Antigos Documentos Escritos em Português: Revisão de um Problema Histórico-Linguístico[M]// Estudos de Cronologia, Diplomática, Paleografia e Histórico-Linguísticos. Porto: Sociedade Portuguesa de Estudos Medievais, 1992.

[7] MACHADO J P. Dicionário Etimológico da Língua Portuguesa: vol. III[M]. 3.ª edição. Lisboa: Livros Horizonte, 1977: 92.

[8] HERGER K. Die Bisher Veröffentlichten Hargas und Ihre Deutungen[M]. Tübingen: Max Niemeyer Verlag, 1960: 65.

[9] MICHAËLIS DE VASCONCELOS C. Cancioneiro da Ajuda: vol. II[M]. Lisboa: Imprensa Nacional-Casa da Moeda, 1990: 317.

[10] RODRIGUES LAPA M. Cantigas d'Escarnho e Mal Dizer dos Cancioneiros Medievais Galego-Portugueses[M]. 2.ª edição. Vigo: Editora Galáxia, 1970.

[11] LOPES F. Chronica de El-Rei D. João I: vol. I[M]. Lisboa: Escriptorio, 1897: 16.

[12] EANES DE ZURARA G. Crónica da Tomada de Ceuta: Introdução e Notas de Reis Brasil [M]. Sintra: Publicações Europa-América, 1992: 60-63.

[13] DE CAMÕES L. Os Lusíadas[M]. 4.ª edição. Lisboa: Ministério dos Negócios Estrangeiros. Instituto Camões, 2000.

[14] 卡蒙斯.卢济塔尼亚人之歌 [M] .张维民, 译.北京：中国文联出版公司, 1998.

[15] AZEVEDO FERREIRA J. Afonso X Foro Real: vol. I. Edição e Estudo Linguístico[M]. Lisboa: Instituto Nacional de Investigação Científica, 1987: 174.

[16] DE AVIS D. Livro dos Conselhos de El-Rei D. Duarte: Livro da Cartuxa[M]. edição diplomática. Lisboa: Editorial Estampa, 1982.

[17] PEREIRA G. Documentos Históricos da Cidade de Évora[M]. Lisboa: Imprensa Nacional-Casa da Moeda, 1998.

[18] BARROS C. Fernão de Oliveira: a "Primeira Anotação da Língua Portuguesa" [EB/OL]. (2021-09-28) [2023-11-23]. https://ciberduvidas.iscte-iul.pt/artigos/rubricas/idioma/fernao-de-oliveira-a-primeira-anotacao-da-lingua-portuguesa/4676#.

[19] BARROS J. Gramática da Língua Portuguesa: Cartinha, Gramática, Diálogo em Louvor da Nossa Linguagem e Diálogo da Viciosa Vergonha [M]. Lisboa: Faculdade de Letras da Universidade de Lisboa, 1971.

[20] TEYSSIER P. História da Língua Portuguesa[M]. 4.ª edição. São Paulo: Martins Fontes, 2014.

[21] VICENTE G. Copilaçam de Todalas Obras de Gil Vicente: vol. II Introdução e Normalização do Texto de Maria Leonor Carvalhão Buescu[M]. Lisboa: Imprensa Nacional-Casa da Moeda, 1984: 343.

[22] DA COSTA PIMPÃO A J. Luís de Camões — Rimas: Texto Estabelecido e Prefaciado por Álvaro J. da Costa Pimpão[M]. Coimbra: Atlândita Editora, 1973:119.

[23] 卡蒙斯. 卡蒙斯诗选 [M]. 肖家平, 译. 北京：中国社科院外国文学研究所, 1981：53.

[24] VIEIRA A. Sermão da Sexagésima Sermões [EB/OL]. [2023-11-20]. http://www.dominiopublico.gov.br/download/texto/

bv000034.pdf.

[25] NUNES DE LEÃO D. Ortografia e Origem da Língua Portuguesa: Introdução, Notas e Leitura de Maria Leonor Carvalhão Buescu[M]. Lisboa: Imprensa Nacional-Casa da Moeda, 1983: 147.

[26] DE SOUSA L. Vida de Dom Frei Bertolameu dos Mártires (1619) [M]. Lisboa: Sá da Costa, 1946: 166.

[27] DE CAMPOS H, RABELO R. Ho Flos Sanctorum em lingoage portugues [M]. Lixboa: per Herman de Campis Bombardero del Rey & Roberte Rabelo, 1513: 247.

[28] BATISTA LINS A. Usos e Funcionamento dos Determinantes Demonstrativos no Português dos Séculos XIII, XIV E XVII: Um Estudo na Perspectiva Funcionalista[D]. Salvador: Universidade Federal da Bahi, 2011: 55−56.

[29] RETO L A. Potencial Económico da Língua Portuguesa[M]. Alfragide: Leya, 2012: 45.

[30] PESSOA F. Livro do Desassossego por Bernardo Soares: vol.1[M]. Lisboa: Ática, 1982: 16.

[31] Academia das Sciências de Lisboa. Boletim da Segunda Classe: Actas e Pareceres Estudos, Documentos e Notícias[G]. Lisboa: Academia das Sciências de Lisboa, 1916: 617.

[32] VERNEY L A. Verdadeiro Método de Estudar: vol. I Estudos Linguísticos [M]. edição organizada pelo Prof. António Salgado Júnior. Lisboa: Sá da Costa, 1949.

[33] GONÇALVES VIANNA A R. Portugais: Phonétique et Phonologie, Morphologie Textes[M]. Leipzig: Teubner, 1903: 19.

[34] GONÇALVES VIANNA A R. Exposição da Pronúncia Normal Portuguesa para Uso de Nacionais e Estrangeiros[M]//Estudos de Fonética Portuguesa. Lisboa: Imprensa Nacional-Casa da Moeda, 1973: 197.

[35] SOARES BARBOSA J. Grammatica Philosophica da Lingua Portugueza ou Principios da Grammatica Geral Applicados à Nossa Linguagem [M]. 7.ª edição. Lisboa: Typographia da Academia Real das Sciencias, 1881: 36.

[36] ALVES A. O Árabe no Léxico Português [M]. Lisboa: Academia das Ciências de Lisboa, 2015: 7−10.

[37] AIVES A. Dicionário de Arabismos da Língua Portuguesa [M]. Lisboa: Imprensa Nacional-Casa da Moeda, 2013.

[38] PEREIRA E C. Gramática Expositiva[M]. São Paulo: Companhia Editora Nacional, 1958: 273.

[39] TAVANI G. Antecedentes Históricos: a Ortografia da Língua Portuguesa[M]// CASTRO I, DUARTE I, LEIRIA I. A Demanda da Ortografia Portuguesa. Lisboa: Edições João Sá da Costa, Lda., 1987: 201−203.